辛亥先烈沈缦云

◎王金中　王　磊　著

古吴轩出版社
中国·苏州

图书在版编目(CIP)数据

辛亥先烈沈缦云 / 王金中, 王磊著. — 苏州 : 古吴轩出版社, 2017.12

ISBN 978-7-5546-1072-5

Ⅰ.①辛… Ⅱ.①王… ②王… Ⅲ.①沈缦云(1869-1915)-生平事迹 Ⅳ.①K825.38

中国版本图书馆CIP数据核字(2017)第312551号

策 划 人: 阴岭山
责任编辑: 蔡时真
见习编辑: 杨晶晶
装帧设计: 张叠峰 高 阳
责任校对: 靳晓虹 徐 铼

书 名: 辛亥先烈沈缦云
著 者: 王金中 王磊
出版发行: 古吴轩出版社
地址: 苏州市十梓街458号 邮编: 215006
Http://www.guwuxuancbs.com E-mail:gwxcbs@126.com
电话: 0512-65233679 传真: 0512-65220750
出 版 人: 钱经纬
印 刷: 无锡市极光印务有限公司
开 本: 889×1194 1/16
印 张: 15.25 插页: 0.5
版 次: 2017年12月第1版 第1次印刷
书 号: ISBN 978-7-5546-1072-5
定 价: 58.00元

沈缦云像

沈缦云的家乡（1）

20世纪末吴县农村

锡铁巷沈金士老宅

沈缦云的家乡(2)

周新桥(选自《朱氏宗谱》)

周新镇北街

周新镇南街(俞铁铮供稿)

裕昌丝厂老公房

上海信成银行发行的纸币

上海信成银行发行的1元币

上海信成银行发行的5元币

上海信成银行发行的10元币

部分辛亥先烈

邹容

秋瑾

陆皓东

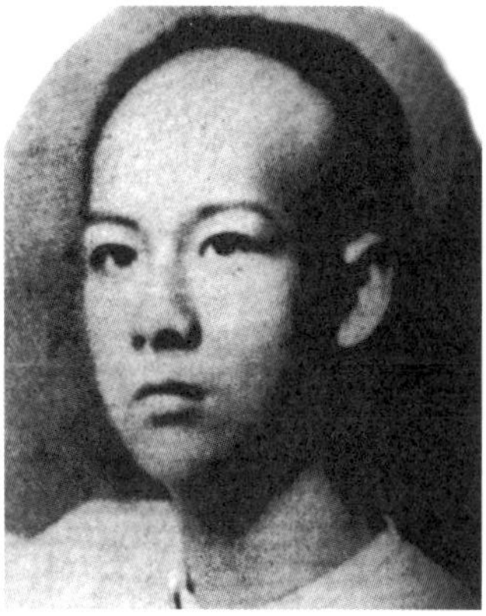

史坚如

荣九松

倪映典

序一

在我心目中,沈缦云是一位引人歌哭的志士。

最早是在上海辛亥革命的史料中读到沈缦云。他发起组织并主持上海商团公会。在辛亥上海武装起义时,他亲临前线,鼓励将士赓夜猛攻,一举攻克清军在上海地区最顽强的堡垒——江南制造总局,上海全城随之光复。他是革命军中敢冒锋镝、浴血战场的勇猛斗士。后来,我又在山东人民出版社出版的《中国近代企业的开拓者》中读到沈缦云。才知道他早年经营碾米厂、铁工厂,又协助周舜卿经理信成商业储蓄银行,主持日常行务,善于利用机会,短短几年间银行资产增长10多倍,成为当时上海实力雄厚的华商银行之一。至1915年被投毒谋害,沈缦云的一生仅仅跨过47个年头,但他犹如掠过暗夜苍穹的一颗流星,发出了属于自己的光芒和声响。

19世纪末叶至20世纪前期的中国,是一派风云激荡而又光影诡谲的历史场景。活跃在历史舞台前沿的,有叱咤风云的英雄,也有衣冠粉墨的丑类,更多的则是匆匆行走的过客。沈缦云至少在革命起义和金融理财两个方面,做出了足以刻录史册的辉煌业绩。所以，无锡市史志办编的《无锡近现代名人》将其列入政治人物，而无锡名人文化研究院的《百年无锡名人图谱》则称他为金融家、实业家。但是我多年来萦绕心头的一个问题是，沈缦云出身书香门第，自幼饱读史书，光绪二十二年(1896)考中举人，正当要踏上当时知识分子梦寐以求的仕宦正途时，为什么毅然止步，进到籍籍无名的家庭作坊式小工厂去打理家业？而当他经营的工厂、银行风生水起，他本人也在上海商界崭露头角，能够很好地享受富足、安逸生活之时，又为什么毅然投身充满风险的革命行列，捐出数额巨大的金钱资助革命宣传、武装起义，直至参与"二次革命"、反对专制复辟而被迫亡命关外，最终惨遭反对势力毒杀？这一按常理看来诀然悖反的矛盾抉择，又是如何统一于沈缦云短暂而又充实的人生旅途的呢？

我想可以试从这样几个方面来回答。

从个人心性来说，沈缦云无疑是一个品格高尚并且才华出众的人物。他幼年跟随有着传统情怀而又接触到新知识的父母亲读书，那是一个思想观念相对开放的家庭。11岁时进入教会学堂(上海蒙培雅书院)就学，既打下扎实的文化知识基础，又培养起高远的人生志向。后来，在周舜卿的影响下，改变了进身仕途，入朝为官的念想；随后进工厂习业，经理家业，从事技术和管理，固然是秉承祖父的意愿，但也体现了他独特的人生追求。在他的内心深处，显然已经失去对于传统官场的信念，相反又树立起开创自己事业的信心。面对国家积贫积弱、受人欺凌的现实状况，他立志于振兴实业，以求国家强盛、人民富裕。经过十多年拼搏，他在沪上工商业领域成功开辟出了一方天地。但沈缦云并不满足于此，他慷慨解囊，捐出创业所得，开设上海孤儿院，创办女子师范学堂，以自己所能造福社会和民众。他为此被推为上海南北市商会董事，被聘为上海城厢内外工程局议董。毫无疑问，造福社会而不是个人享乐的清醒意识，积淀成为他处世行事的行为准则，这也正是他日后投身革命并且矢志不渝的最基本的思想和心理基础。

从时代潮流来说，沈缦云亲身经历了古老中国历史转型的第一个重大转折。清朝末年，外国列强用坚船利炮打开了中国国门，使中国面临前所未有的民族危机，同时，外国商品和外国资本大举输入，又为中国的重新振起树立起一个可以参照的坐标。社会的精英阶层开始觉醒，发展经济、改良社会、变革政治的呼声日益高涨，上海无疑是新知识、新思想最先得到传播的地方。张园作为中国第一个近代公共活动空间，集会、演说蔚然成风，形成有影响力的公众舆论，沈缦云在这里既是听讲者也是演讲者。十六铺外滩的新舞台剧场，除集会外还演出新剧，沈缦云也曾积极倡导，并化妆登台，以更加通俗的方式传导爱国、变革的理念和激情。正是在这样的互动交流之中，沈缦云由一个热忱的爱国者成长为坚定的革命者，确立起民主革命的自觉意识。李平书、沈缦云等多位工商实业家，从祈望变革到支持革命，甚至不惜毁家破产资助革命，被当时在沪的外国观察家称为中国资产阶级觉醒的标志。由此可以说，时代的召唤和激发，构成了包括沈缦云在内的工商界人士顺应历史走向、勇敢前行的社会环境和条件。

从时代变迁与个人抉择的交会来说，沈缦云的思想认识随着时局的转折变动，也经历了不断演进变化的过程。1900年7月，唐才常在上海组织自立会，秘密联络会党，组织自立军，筹备起义。此时的沈缦云，虽然目睹专制制度的腐败，逐渐萌生变革社会的念头，但还是对光绪皇帝主持的变革抱有幻想。他捐银15000两，作为自立军“勤王讨贼”的军饷。但不过一个月，起义军便遭清廷镇压，唐才常等人也被捕杀，沈缦云为此陷入对于中国命运的深深思索。之后他把变革的希望寄托于清政府自身的立宪改革，追随君主立宪派呼吁政府缩短预备立宪期，加快自上而下的“新政”推行。他曾作为上海总商会推举的请愿代表，赴京请愿，要求颁布宪法，速开国会。但在面见庆亲王奕劻，与这位傲慢无礼的总理大臣进行一番唇枪舌剑的对话之后，沈缦云才从心底发出“釜水将沸，游鱼未知”的浩叹，彻底放弃对于清廷的幻想，转而投身推翻清皇朝的革命斗争。此时，革命的烽火已经燃起，正从华南地区向长江流域蔓延。正是时代风雨的洗礼，以及个人跌宕起伏的人生经历，促使沈缦云超越传统商人的眼界，振作雄飞九天的正气，义无反顾地踏上革命的路途。

在那个狂飙突进的年代，沈缦云资助革命党人办报，从事革命宣传；秘密采办武器，组织商团训练，建立起一支起义义勇队；更重要的是，以自己的魄力和智慧，筹措公债，发行军钞，为革命军筹集巨额经费。南京临时政府成立后，他又接受孙中山的任命，以劝业特派员和理财特派员的身份，千方百计为新生的中华民国调度财力。南北议和后，为了兴办水陆交通，推动移民垦殖，他按照孙中山的规划，主持筹备中华实业银行，并亲自前往南洋各埠集资，募得银行股本600万元。时人这样称赞他：“以臆则屡中之宏才，加惨淡经营之毅力，倡数千年来未有之盛举，放数十万里异常之光彩。”在金融和财政领域，沈缦云成功地把职业革命家的使命与杰出银行家的才干熔铸在一身。

王金中、王磊先生多年爬梳抉剔，搜集整理沈缦云的生平资料，有愿记录这位先辈英烈的传奇人生。在沈缦云魂归山川的百年之后，这本《辛亥先烈沈缦云》以图文并茂的样式呈现在了读者面前。据我所知,这是国内第一本单独成书的沈缦云传记,因而值得称赞和庆贺。

沈缦云是中国近代民主革命中一位不屈不挠的斗士,是为自己的信仰不惜捐躯的真正的英雄。但英雄往往是承担历史悲剧的主角。沈缦云英年不幸遇难,给人们留下了一个深深的叹息。然而,他的信仰追求以及对于信仰的那份忠贞,将永留天地之间,与许多前辈的精神气节一起,融入我们民族后来者的灵魂和骨骼,为子孙后代熔炼成一座不朽的革命丰碑。

无锡市历史学会会长　汤可可

写于2017年7月21日

序二

太湖街道(原东埄地区)濒临五里湖,背靠千年流淌的曹王泾,南、北马蠡港横贯其中,闪溪河东西流向直通长广溪。得天独厚的自然条件,孕育出许许多多为家乡争光的伟大人物。

在我国的近代工商界中,在东埄的地面上出了两个“大王”:一个是被誉为“煤铁大王丁百万”的丁明奎,另一个是丁明奎的徒弟、享誉全国的第二代“煤铁大王”周舜卿。

一百多年前,孙中山先生领导的推翻清政府的光复上海的武装起义,其主要领导人之一的沈缦云(懋昭),也是太湖街道人。他协助周舜卿,创办了我国近代第一家商业兼储蓄银行——上海信成银行,并以此为基地,支持光复上海的武装起义。当时他担任财政总长,废寝忘食、呕心沥血地筹款,解决浩大军费开支,为上海的光复和新政权的建立,立下了汗马功劳。孙中山对沈缦云在上海光复过程中所起的积极作用给予了高度评价,并亲书“光复沪江之主功”匾额相赠。

沈缦云坚定地支持“二次革命”,讨伐袁世凯……他冲锋在前、永不后退,既是一个英勇善战的指挥员,又是一个冲锋在前的战士。“二次革命”失败后,沈缦云率全家迁居大连,继续从事革命活动,后遭袁世凯所派奸细暗算,食物中毒,民国四年(1915)7月23日病逝于大连医院。孙中山惊闻噩耗后亲题“如见故人”，以志哀思。

沈缦云用自己的鲜血，写就了 辛亥革命史；沈缦云用自己的生命，铸就了革命的丰碑。正如我国著名作家臧克家所说的：“有的人活着，他已经死了；有的人死了，他还活着。”英雄虽然离我们而去了，但英雄的形象和精神光照千秋！

“历史文化是城市的灵魂，要像爱惜自己的生命一样保护好城市历史文化遗产。”这是习近平总书记于2014年2月25日在首都北京考察工作时说的话。

遵循习总书记的教导，编著了《辛亥先烈沈缦云》这本书。意在告诉家乡的父老，更是为了教育我们的子孙后代：千万不要忘记为革命做出宝贵贡献的英雄，更要传承他们的美德，弘扬他们的革命精神。

本书以纪实手法，较为完整地把沈缦云的成长、成才经历，以及在辛亥革命上海武装起义及“二次革命”中的出色表现勾画了出来，犹如一幅绚丽多姿的历史画卷展示在读者面前。

这是一本励志读物。一书在手，就能知道沈缦云在上海壮阔激昂的辛亥革命中，所表现出的沉着镇定、坚定不移的革命精神，教育广大读者不忘过去，更爱幸福美好的今天，继续努力，从而为实现中华民族伟大复兴的中国梦做出自己应有的贡献！

钱佳东

2017年8月1日

（作者系无锡市文史专家）

目　录

引 子

在孙中山先生领导的推翻清政府的辛亥革命上海武装起义中，上海信成银行协理、无锡东埄（今太湖街道锡铁巷社区）人沈缦云立下了汗马功劳。“二次革命”失败后，沈缦云率全家迁居大连，继续从事革命，却遭袁世凯所派奸细暗算，食物中毒，民国四年（1915）7月23日病逝于大连医院。孙中山闻噩耗后亲题“如见故人”，以志哀思。

第一章

入赘沈家到涉足商海

第一节　入赘无锡沈家

沈缦云原姓张，名祥飞。于同治七年十二月二十六日(1869年2月7日)出生在苏州吴县农村的一户读书人家里。父亲张桐龄(又名炳南)是清朝举人。母亲郭氏，知书善画。张家旁靠一条小河，有房屋两厢一厅，厅前搭二架椽子屋，其中居室前半间为厨房，剩余半间为活动场所。夫妻俩在家中两间的侧厢里设一私塾，招收当地士绅子女20余人。男生坐右边的侧厢，女生坐左边的侧厢，由两人分别施教。家中经常书声琅琅，一时在乡里传为美谈。兄弟五人：长，祥麟；次，祥豹；三，祥和；四，祥鹏；祥飞最幼，却自小聪明灵敏，沉着有胆识，有志向，但体弱

苏州的民居

多病。

在一个偶然的机会，他在附近小镇的书摊上购得一本《西人孙唐体操图说》，便津津有味地看了起来，觉得如能照图上说的去做，对身体一定有好处。于是，他购置器械凭图练习，旦夕不断。经过多年的练习以后，他的身体一天天强壮起来，竟然达到隆冬不穿棉衣，盛夏不怕炎热，徒步行走可达数十里也不觉得劳累的境地。身体既已强壮，他便在父母的精心教导下，刻苦读书，从而为以后事业的发展打下了坚实的基础。

光绪元年(1875)，他们全家迁居上海。不久，张桐龄在一绅士家任家庭教师，郭氏则应聘到美国基督教长老会主办的清心女书院当教师，而祥和、祥飞却在家自学。

当时美国基督教监督会(即圣公会)在上海办有男女兼收的蒙培雅书院(圣约翰书院的前身)，院长颜永京(1838—1898)，祖籍山东，后移居福建，再移居上海。中国基督教省工会早期的华人牧师之一，武昌文华书院和上海圣约翰书院的开创者之一。早年留学美国，是桐龄到上海后结识的朋友。因祥和、祥飞在家自学，无人辅导，经颜永京院长

圣约翰书院院长颜永京

颜永京创办的圣约翰书院

的允许，入蒙培雅书院为插班生。

这所书院创办于清咸丰十年(1860)。创办之初，正值战火不断。苏杭一带相继失陷，沪滨到处是难民。八月，乱军过境，难民再无托庇之所，难童流离失学。当时，美国长老会派驻上海租界的教会传教士范约翰(Rev.Farnham.D.D)及密尔斯(Mr.Mills)两位先生，以“乐育英才”的情怀，招收贫苦华人子女，供衣食住宿，开始在陆家浜路跨龙路口办学。范约翰自任院长。

第二年，因为来就学者越来越多，进而筹备女校。1865年至1868年，先后建筑校舍及礼拜堂。当时娄女士(Mrs.Lowrie)在美国组织远东救济会，从经济上对学校给予了重要的支持。为表示对娄女士的景仰，学校创建初期初名Lowrie Mstitute，译名娄离华学堂。以后，该校学子在事业有成后，出资扩建。校舍一部分为教会建造，大部分为国人捐建。祥和、祥飞在这所书院因读书勤奋、品学兼优，多次越级升班，深得师长赞许。祥和读了5年多即毕业(照章需读7

年），由颜校长介绍，随美国牧师赴美国留学，准备学成后回母校任教。

祥飞11岁那年，有个叫沈金士（1830—1895）的富商因两个孙儿早夭，仅遗下一个10岁的独生孙女沈钦苓，拟招赘孙婿，以承继家业。于是，便托蒙培雅书院校长颜永京介绍。

沈金士是无锡东埄顾码头（今太湖街道锡铁巷社区）人。这个村明代已建立。村前有一条小河，河边有顾姓所建的码头，故名。码头旁的村子，便以“顾码头”称之。

沈金士住在这个村上，原是个农民，名景是，曾祖廷芳、祖洪溪、父云翀，都以务农为业。金士从小就读村塾，即通书算。以后，随父前去上海习商。那时，上海初开洋埠，欧美百货云集，而英吉利的条铁、冶铸在上海很有市场。沈金士刻苦补习英语，几年后便精通其言。于是，他看准商机，创设铁行，经营贩售。由于经营有方，不到十年就成为巨富。

于是，他荣归故里，大兴土木，花一年多时间，造4间门面（一个墙门）、3个天井、3造进深、10多个房间的平房，建筑面积达360多平方米。

几年后，太平洋战役波及苏常，家乡人纷纷逃难到上海，沈金士便尽其所能，收留供养。战乱后，他又载粮千石，到家乡散发。不久，他又出巨资在故乡方桥重建沈氏宗祠，并设义庄赈济族里之贫困者，乡里人都称他“沈善人”。

他生有一子芳玉，字信书，为国学生，并有懋德、懋功两个孙儿。可是很不幸，懋功，殇；懋德英年早卒；芳玉仅遗下一独生孙女钦苓。于是，他想招赘孙婿以承继家业，可是一时又找不到合适人选。后来，他想到他的老朋友、蒙培雅书院（约翰书院的前身）校长颜永京，就满怀希望地找到他，刚把自己的想法一说，颜校长便满口应允，一定为他物色人选。

平时两人早有交往，学校因为扩建校舍，缺钱购买建筑材料，沈金士知道后，就主动上门，送去一笔巨款。新校舍建成后，他又出资救助贫困学生……颜校长深知沈金士的为人，非常同情他的不幸，也赞同他这样的想法。“沈兄是个大善人，理应得到好报！”颜校长为了郑重起见，特地定了一个择偶标准：一要品学兼优；二要相貌出众；三要是多子女的家庭，贫富不论。为此，他把相近、相知的十几名在校优秀学生罗列出来，然后认真进行筛选，认为张祥飞这个得意弟子符

沈金士故居

合这个标准，最后选定张祥飞。

为此，他在一天晚上，专门找到张祥飞的家。这是位于四川路桥不远的一处简易住房，两个房间，却要住6个人，显得比较拥挤，但并不零乱。简陋的几件家具，安排得井井有条，可见主人的治家能力。

桐龄夫妇一见颜校长来访，连忙把他请进屋。颜校长刚坐定，便拱了拱手，笑哈哈地说："我给两位带来喜讯了！"随即把来意说了。沈金士是个名闻上海的"大善人"，有谁不知？如果真能到他家去，还不是一跤跌到青云里？以后有好日子过了。桐龄夫妇见喜从天降，抑制不住内心的喜悦说："好是好，只是高攀不上。"颜校长推心置腹地说："祥飞到了沈家，沈家一定会全力培养。祥飞将来前途无量！"

颜校长见张家答应了这门亲事，第二天便带了祥飞来到沈金士的府上。沈金士见祥飞眉清目秀、气度不凡，心里已有几分欢喜，便亲切地与他攀谈起来，见他出口成章，对答如流，不由心花怒放。

在双方满意以后，11岁的张祥飞正式被沈家招赘为孙婿，改姓沈，懋字辈，更名懋昭，字缦云，以字行。沈家见缦云聪明伶俐，便视其为嫡孙，让他与孙女一起，专门聘请无锡一老秀才为家庭教师，教读四书五经和诗词、时文。

几年后的一个夜晚，缦云正在书房读书，读到二更天，连打几个呵欠，感到有些疲倦，就想进内室睡觉，就有这时，突然，一少女闯进他的书房，蹑手蹑脚地来到他身边，娇声秀气地说:“时间还早,怎么不读了?”“读书,我才不喜欢这些生涩难懂的八股文呢!”“你既然不喜欢,为什么不振作起来,高举起革新的旗帜去洗涤它呢?”

“谈何容易——”缦云听到这娇滴之声,猛然抬起头,揉揉睡眼一看,在自己的书桌旁,竟站着一位少女,匀称的身段,穿着碧绿纱裙,裙上缀满闪光的星星,鹅蛋形的脸,那杏核般的眸子黑亮晶莹,如秋水般明澈,而她哲理性的妙语对这样仙女般的姿容更是具有画龙点睛般的作用。缦云凝神细看,见沈小姐突然光临,便和颜悦色地说:“你有什么办法使我不厌倦呢?”

“当然有呀!”

“那你说说吧。”

“公子,你瞧——”少女说完,将一片闪光的鱼鳞放在书案上,眨眼间满屋明亮。“哟,珍宝,太奇妙了。”缦云惊喜地站起来,紧握少女的手,亲热地叫了一声:“钦苓。”钦苓点了点头。相互凝视了一会儿,彼此感到快活温馨。

“小姐,你这么有才华,我怎么感谢你呢?”

“早上玉墀天阙。”

“小姐,路在何方?”

“在你的脚下。”

“小姐,你还有什么赐教?”

“博览群书,广交朋友。明辨是非,诚信待人。”

缦云放开她那白嫩而火热的手,深怀歉意地说:“多谢小姐关照。”

“祝你早日成才!”钦苓莞尔一笑说,“公子,以后我俩这样的相见会越来越多。”

“有小姐在身边经常提醒,我如鱼得水,信心满怀!”缦云深情地把钦苓送出书房,目送着她走进前边的闺房。

良久,他又回到书房,把临别前小姐叮嘱的那十六个字重温了一遍,只感到字字珠玑、春风扑面。

打这以后,沈缦云振作起精神,发愤读书。他生性聪颖,一听就懂,一教就会,几年以后,就高中秀才,成了地方名人。

第二节　放弃仕途，涉足商海

光绪二十二年（1896），28岁的沈缦云便在省试时高中举人，这是一件了不起的事。几天来，前来贺喜的人络绎不绝。其中有一位绅士打扮的商人，沈金士一见到他，便打躬作揖把他迎进大厅，然后叫来孙儿拜见周大老板。

周舜卿像

这周大老板，就是闻名全国的煤铁大王周舜卿。他是沈金士的姻亲、同乡，东埄小园里（今太湖街道周新社区）人。据《梁溪沈氏宗谱》记载，周舜卿的儿子承基是沈金士儿子芳玉的女婿，在生意上经常有往来。

周舜卿也是农家出身，名廷弼，以字行。清咸丰二年（1852）出生在五里湖畔。父道然，字让三，农民兼做私塾老师。既教授村童，又教授儿子。平时，周道然总是用周氏家训、家规教育儿子，从小就在周舜卿心中播下了“勤奋、俭朴、诚信、友善”的种子。后来家道中落，这也使他经受了困难的磨炼。

但穷困没有降低小舜卿对读书的渴望。每当夜晚，他都会坐到昏暗的油灯下，在父亲的指导下刻苦读书。从而为以后事业的发展，打下了坚实基础。

16岁时，周舜卿跟随族叔周晓庭来到上海，在同乡丁明奎开设的利昌煤铁号当学徒。周舜卿从小生长在农村，饱尝了生活的艰辛。“穷则思变”，当他一看到上海的繁华景象，眼界就开阔了；环境的改变，激发出他“一定要干出个名堂来”的志向。立志使他产生了动力、明确了努力的方向……

沈金士与周舜卿是同乡，与他有着一样的成长经历，也有着一样的奋斗史。这次相见却与往常有着不一样的感受。随着自己一年年的老起来，越来越感到有必要给孙儿好好讲一讲周大老板的成长经历，以激励他继承自己的家业，像周舜卿那样去努力、去奋斗！

几天后的一个上午，沈金士拿着当天的一份《申报》，兴冲冲地走进书房，对着正在攻读《四书》的缦云说：“孙儿，大喜报，今天的《申报》上刊登着你周叔叔的业绩，快快看一看吧。”沈缦云赶忙放下手中的书卷，从爷爷手里接过报纸看起来。《申报》长篇累牍地刊载周舜卿经过十多年的拼搏，从一个名不见经传的学徒，成为闻名全国的“煤铁大王”的经历。从而以无可辩驳的事实告诉人们：事在人为，路在自己脚下，一切在于自己的努力……平时，沈缦云“两耳不闻窗外事，一心只读圣贤书”。如今，他从报上详细地看到周叔叔的奋斗业绩，一下开拓了自己的眼界，便忙不迭地说：“周叔叔真了不起！”

沈金士见孙儿内心起了变化，便趁热打铁说：“孙儿啊，你虽然中了举人，却无法与你的周叔叔相比。你还是弃文学商吧，也许有一天能与他一样，名扬天下！”

沈金士说到这里，不由拍着孙儿的肩膀，意犹未尽地说：“周舜卿之所以能够在短短的十多年内，由一个默默无闻的店员一跃而为全国著名的巨富，这同他和洋人之间的关系是分不开的。但还有一个重要的原因，就是他精明过人，善于抓住各种有利时机，大做煤铁生意。周舜卿在不长的时间内就成了当时国内的工商业资本家中少有的百万富翁之一。他所拥有的资本，已是当初震昌铁号投资额的两百多倍。”紧接着他又把自己目睹的两件事，讲给孙儿听。

有一次，上海邮政总局想在他的震昌、昇昌所在的地基上兴建大楼。周舜卿知道，虽然他的震昌、昇昌两字号地处这个比较繁华的商业区，营业额比较大。但是，如果把这处地产转卖给财大气粗的邮政总局，就一定能够大挣一笔。再说，像他们这种“老”字号招牌已经创出来了，不会因为地址的搬迁而失去那些大宗的生意。因此，周舜卿当机立断，和邮政总局的人拍板下来，最后，这桩房地产生意以二十八万两这个惊人的高价成交。虽说后来震昌、昇昌号的搬迁和新建也花了不少的钱，可相比之下，则显得微不足道了。

另外还有一次，周舜卿从拍卖行中以相当于废铁的价格买下了一艘报废的外国轮船，然后他招来一批铁工，把这艘轮船上的机器、钢铁全部拆卸下来，修整之后，就将其投入市场，竟然也在不长的时间内售完。这种一本万利的生意，又给他增添了一笔不小的财富……

沈金士不厌其烦地讲了这许多，分明是在激励自己的孙儿，要做一个像周舜卿这样的人。此时缦云听着听着，不由热血沸腾，目光炯炯地对祖父说："祖父，你说的我都明白！"从此，他放弃仕途，追随祖父，在沈家自办的铁工厂、碾米厂学习技术和经营管理，助理家业，孜孜以求地走经商之路。

光绪二十一年(1895)农历十一月二十五日，沈金士去世，寿六十六，诰赠中宪大夫，墓葬大浮漆塘。沈缦云持承重服，并继承了沈家的事业。他为人真诚，精明能干，生意便越做越红火。沈缦云又热心教育、慈善等事业，因而声望迅速提高。

当时，开会演说之风初起，沈缦云受新思想影响，经常参

沈缦云故居所在地

加演讲。由于演讲贴近实际、贴近生活，并能以谐语比兴，在言微中，又雅俗叹赏，因而深得广大听众的欢迎。几年下来，沈缦云便干出了一番事业，在南北市的商会选举中均被推举为董事，一跃成为上海工商界中的头面人物。

沈缦云在上海的住房位于繁华的闹市四川路一带，风景优美，与其开办的各种建筑风格一致，取中西建筑精粹，又在中式建筑中融入西式元素，将其追求物质和精神的高度统一、小家大家共繁华的理念得以淋漓体现，称町佐公馆。它采用别致拱门造型，配以明净落地玻璃门窗，尽显欧式建筑的典雅大气。建筑为三层楼体，房内错落有致的开间，能满足主人对于建筑的奢华尊享。一楼联排拱门，以大家气度恭迎四方来客。二楼临街面依照欧洲建筑设计风格，打造了超大空中观景露台，以罗马式立柱围和，尽显欧式浪漫风情。居此宅，登高远望，赏大上海的无限风光，为改变中华之貌尽自己的一份力。

20世纪初，中国正值内忧外患，沈缦云受实业救国论影响，深感振兴实业是光复中华盛景的前提。在上海的故居，他曾与无锡实业家周舜卿等人商议振兴实业，于是就有了后来的中国第一家商业储蓄银行；在这里，他曾接待四方各阶层的革命有志人士，于是就有了他作为代表向奕劻面请速开国会之壮举。沈缦云是一位实业救国的儒商，终其一生都用自己的聪明才华、坚定信念游走于商场和战场中，成就自我最高的人生价值。

第二章

协助周舜卿创办信成银行

第一节　协助周舜卿创办信成银行

甲午战争后，清王朝的统治者放松了对民间设厂的限制，中国的资本主义在短期之内获得了发展。与此同时，帝国主义列强掀起了一场瓜分中国的狂潮，无数仁人志士为探索救国救民的真理，抛头颅、洒热血。面对内忧外患、千疮百孔的国家，如何改变贫穷落后的局面，建设一个独立富强的国家，成了许多国人思考的一个课题。其时，实业救国的思潮风靡全国，周舜卿与上海一批有识之士深受影响，深感振兴实业之重要性。他经营灵活，早在清末就与英、美、日商人交往，因而获利甚多。

周舜卿在成为“煤铁大王”以后，已经把主要精力转向谋取政治地位和政治权势上来。他清楚地知道，通过和权贵们结交获得的间接利润，要比和洋人打交道获得的直接利润多得多。因而，他首先极力结交那些在地方上颇有势力的名流显贵。从1896年开始，周舜卿先后向曾任过驻英、法、意、比公使的大官僚薛福成之子薛南溟，在上海七浦路开办的永泰丝厂投资。

薛南溟(1862—1929)，名翼运，以字行，祖居无锡县西漳寺头，后迁城内前西溪，是薛福成长子。光绪十四年(1888)中举，入李鸿章幕府。光绪二十年(1894)，因父丧丁忧回家，从此弃官经商。光绪二十二年（1896），与邑人周舜卿合资5万两白银，在上海七浦路开办永泰丝厂，自任经理，并在无锡南乡开办茧行，为上海意大利洋行收购蚕茧。

薛南溟像

与薛南溟合作办厂，是周舜卿涉足政界的第一次尝试。接着，又投资于官僚商人、清末状元陆润庠在苏州开设的苏经丝厂和苏纶丝纱厂。

清苏州状元陆润庠

陆润庠（1841—1915），江苏元和（今吴县）人，字凤石。同治十三年（1874）状元，授修撰。光绪初，屡典湖南、陕西、顺天乡试。后出督山东学政，再迁国子监祭酒，典试江西。因母病回苏州，总办苏州商务。1896年集资在苏州创办苏纶纱厂，旋又开设苏经丝厂。与光绪二十年（1894）状元、南通人张謇设商务局，办纱厂相呼应，成为轰动一时的“状元办厂”事件。

虽然周舜卿在这两家工厂里面的投资都占有相当的比重，可是他为了结交这些人，在投资之后，就不过问厂里的任何事务了，只坐享分成，如此，很快就获得了这些人的好感。

“煤铁大王”周舜卿的事业虽然在上海，但是根在无锡。为报效家乡父老，他决定在家乡东埄这个地方建镇办厂。

当时，在庙桥港（南马蠡港）与闪溪河的交汇处，有一片近百亩的高地。因它位于二里外的西埄东面，因而乡民称之为东埄。此地原来是扬名乡的一个不为人知的小村落，但交通十分便捷。清光绪二十五年（1899），周舜卿便选择东埄这个地方，置地百亩，辟街道、建市屋、造桥梁、设店铺、办工厂，两年后便建成了一条凤凰状、“十”字形的、独具江南水乡风貌的新兴街镇，取名“周新镇”。 寓意是周舜卿建造的新镇。它是庙桥港向南流经的第一个市镇，省内唯一独资建造的乡镇，在全国也享有盛誉。东埄这个名字也随之被周新镇

周新老街（邓云龙摄）

取代。

周新镇建成后，周舜卿曾邀他的小同乡沈缦云回乡参加周新镇的落成庆典，沈缦云欣然前往。那天，他参加了隆重的落成庆典以后，便在周叔叔的陪同下，参观了周新镇。他看到原先的小村，如今成了繁华的小镇，从心底里更加敬佩周叔叔。然而，让沈缦云感到惊喜的事还多着哩！

不久，周舜卿又与同乡胡德培集资，成立新源来冶坊。三年后，生产铁锅的新源来冶坊，已跃居江苏八大冶坊的首位。

此时，周舜卿拥有了雄厚的经济实力，进而去谋取政治地位。他在结交了地方封建官僚势力之后，又通过商部右丞、无锡人唐文治的关系，进而致力于结交王公贵族。

唐文治

唐文治(1865—1954)，字颖侯，号蔚芝，晚号茹经，原籍江苏太仓，后定居无锡。光绪十八年（1892）春考中进士，任户部江西司主事。甲午战争后，他向清廷呈《请挽大局以维国运折》，针砭时弊，抨击权奸，吁请严惩战败将领。光绪二十九年(1903)秋，唐文治改任商部右丞，不久升任左丞、左侍郎。他宣布商政宗旨：以“保护商民，体恤商艰”为主，规定商部官吏不得自营商业，以图私利，严禁贪污纳贿。手定商律一百三十一条。这是中国商法的开始。

周舜卿在得到这个讯息以后，即携资入京。由于唐文治的牵线，投靠在当时的显贵庆亲王奕劻门下，捐得一个候补道的官衔，并与奕劻的儿子商部尚书载振结拜为兄弟。故周舜卿虽为商人，却拥有二品顶戴、赏戴的花翎、三等顾问头衔。

奕劻

奕劻（1838—1917），满族，爱新觉罗氏。乾隆帝第十七子永璘之孙。光绪十年（1884），任总理各国事务衙门大臣，主持外交，并进封庆郡王。次年设立海军衙门，受命会同醇亲王奕譞办理海军事务。光绪二十年（1894），封庆亲王。1901年，代表清政府签订《辛丑条约》。总理各国事务衙门改为外务部后，仍任总理大臣。1903年，入军机处任领班军机大臣，管理财政处、练兵处事务，集内外大权于一身。

载振（1876—1947），字育周，生于北京，庆亲王奕劻长子，乾隆帝五世孙。历封镇国公、贝子头衔。光绪二十八年（1902）曾代表清朝廷赴英参加英国国王爱德华七世的加冕典礼。1903年赴日本考察第五届劝业博览会。回国后积极参与新政，奏请成立商部，任尚书。

载振

由于在上面通了关系，周舜卿

便放开手脚拓展自己的事业。光绪三十年(1904)春,他出资八万两银子,在自己的家乡东埄先建厂房,又购得意大利立缫车96台,正式开设裕昌丝厂。这是无锡第一家机械缫丝厂。因该厂是他通过庆亲王奕劻向清廷奏办立案的,因此在厂门上写有“奏办”二字,以示荣耀。由于是就地取原料,又无他厂与之竞争,因而在创办初期,获利颇丰……

沈缦云对他的长辈周舜卿在事业上取得的每一个成就,都感到由衷的高兴,并诚挚地希望,有机会与他进行合作,促使自己的事业有一个突破。这样的机会不久就来到了。

从1845年开始,到19世纪末,外国银行在中国横行了四五十年,它们操纵了中国经济,垄断了中国的国际汇兑业务

裕昌丝厂旧址

和国内金融市场；发行钞票，侵犯中国主权，并通过贷款控制中国的财政，攫取了中国大量的权益。为了抵御外国银行的侵略势力，挽回权益，收回利权，“非急设中国银行，无以通华商之气脉，杜洋商之挟持”。于是，周舜卿遍查全国银行，国家则有户部银行，商业则有中国通商银行，劝业则有信用银行，唯独缺储蓄银行。

此外，他从多年来开设丝厂的实践中感到，中国民族工商业发展缺少“巨款流通”，面临资金周转不灵的严重困难。而开办储蓄银行可以使“小民日用之外余资积少成多，聚沙成塔，起到聚集母财的作用”。

周舜卿通过多年激烈的市场竞争，深深感到外商操纵金融，对自己事业的发展有着很大的影响，因此需要有自己的金融机构做后盾。鉴于各国银行组织完备，故能国富民强，商业蒸蒸日上。而在商战剧烈之时代，各国商界所持有以占优胜地位者厥惟银行，所以，他认为：振兴实业，首推金融。这应是周舜卿创办银行的初衷。

裕昌丝厂大门

光绪三十一年(1905)，清政府派宪政大臣载振出洋考察。周舜卿得知这个讯息以后，为学习外国人的先进技术，他仍然通过唐文治的关系，以商部三等顾问之职、特赏二品顶戴，充当随员，跟随载振赴日本考察。

在访日期间，他特别关注日本新兴的银行业。他通过考察调查，得知日本已有储蓄银行685家，其中兼营普通银行业务的216家；储蓄银行有支行877家，其中兼营普通银行业务的291家。这600多家银行在竞争中力求优胜，谋求优良。他看到"区区三岛之地，业此者在数百之众，而每岁每百元所得溢利尚恒有十三四元之多"，其"章程日益完备，条理日益周密，其组织之方、准备之要、筹记之理法、存簿之规则，及用人放款一切事宜，靡不有成规可循。诚能参籍博考，皆足为我导师"。所以他认为"矧以中国地大物博，创办者只此一家，将来入股诸人赢率之优复奚待言。凡我官商幸备各踊跃争先，成此创举，共俟大利有厚望矣！"

横滨正金银行旧址

自周舜卿随队出洋考察以后，沈缦云便密切注意他们的动向。每天上午从送报人手里一接过《申报》，就专心致志阅看随行记者采写的跟踪报道。

这次，周舜卿跟随载振前去考察，时间仅几天，却使他大开了眼界，增长了不少见识。上海是中外互通的枢纽，要想与外商竞争，必须有自己的团体。回国后，他把自己的想法与武进县在沪的刘伯森等人一讲，众人都感到他说出了大家的心里话。于是筹组上海商学会（即全国总商会的前身）的工作紧锣密鼓地进行，并自任主要负责人。然后发起筹建银行。

周舜卿知道沈缦云是一位理财能手，为人又真诚，便亲自登门拜访沈缦云。两人相见也没什么寒暄，周舜卿便推心置腹地说出了考察日本后自己的打算。沈缦云非常佩服周舜卿的远见卓识，连声称好。共同的信念、共同的理想，使他俩想到了一起，走到了一起。

光绪三十一年(1905)，唐浩镇等名家望族，同感于“沪上银行林立，其大宗款项，存储固便，而各工人之积有工资小本经纪者，每以未能普及为憾”。于是同周舜卿联合起来向清朝商部申请银行牌照，创办专门针对普通民众的储蓄银行。

翌年春，召开了创立会议，设立董事会，有周舜卿、孙鹤卿、顾馨一、唐浩镇、刘树屏、王一亭、沈缦云等各界代表参加。

孙鹤卿(1868—1928)，名鸣圻，以字行，无锡县石塘湾人。光绪年间贡生，曾任江西同知，后捐升道员。清末在担任沪宁铁路勘路委员时，得知建筑无锡火车站的地点后，在站南要道大量购置荒地。铁路开筑时，附近房地产价格暴涨，他因此而获得巨利，一跃成为孙氏家族中的首富。

顾馨一(1872—？)，名履桂，字馨一，以字行。上海人。他早年经营杂粮行起家，后来投资立大面粉厂、申大面粉厂，还曾任上海华商杂粮交易所经理，号称“粮食大王”。平时，他和沈缦云、虞治卿等意气相投，关系较为密切。

唐浩镇，字郛帮，江苏无锡人，与唐宗愈、唐宗帮在清廷为同殿大臣，主张维新，因为三女儿唐闳律嫁给了黎元洪，所以在黎元洪第一次出任大总统时任总统府监印官。这样有来头的人物，沈缦云自然不会放过。当他来上海以后，沈缦云便亲自找上门去……

刘树屏

刘树屏（1857—1917），字葆良，江苏常州人。清光绪二十八年（1902）冬，南洋公学发生“墨水瓶事件”后，刘出任公学总理。他根据盛宣怀的指示和自己办学的经验，公布了《整顿学堂条陈十则》，同时又改监院为斋务长，下设监学官、检查官，加强了对学生的管理。光绪二十九（1903）年下半年，经盛宣怀保荐到津浦铁路南段任总办。不久，到上海任职，与沈缦云建立了联系。

在这次会上，周舜卿首先介绍了去日本考察金融业的所见所闻，随后把他在日本考察时收集到的有关银行的信息、所有组织管理章程，以及营业规则悉数拿了出来。在学习有关开办银行的事宜后，协理沈缦云说：“商战剧烈之时代，各国商界所持以占优胜地位者厥惟银行，夫人而和之矣。第银行之组织不一，曰国家银行，一国之财政所出纳者也；曰商业银行，商界所以通有无资金周转者也；曰劝业银行，一国之农工商所赖以发达者也；曰储蓄银行，为小本经纪存储积备缓急者也。”

沈缦云由于长期从事实业，所以对银行业有一定的了解。他认为：“各国银行组织之完备，故国富民强有蒸蒸日上之势，所以吾国欲与之争竞，自当以广设银行为要著。”而在当时，中国的金融业除了清王朝创办的户部银行和旧时的钱庄，金融业几乎全部处于列强的控制之下。另外，还存在着这样一种情况：中国虽亦创办了通商银行、议办户部各银行，而储蓄银行还没有人提议或创办，致使普通的老百姓稍有余资，却没有存储的地方。于是，人们有了一些钱，便以泥沙视之，随得随耗。更为重要的是，市场上因很少有巨款加以流通，这就成了商界发展的一大缺憾。

与会者都有这样的看法：天下熙熙攘攘，皆为利来利往。鸦片战争以后，上海被辟为国际通商口岸，洋商银行相继在沪登陆。由于洋商银行在我国内地缺少分支机构，天地两不应，洋行买办深入我国内地推销洋货或收购物产，都要通过各地

大清银行兑换券

的经销商，而洋行对各地经销商的信用两眼一抹黑，这种跨越地界的买卖，全凭信用。

金融以信为本。很难想象，一个信用缺失的金融机构，客户敢拿自己的血汗钱往它的钱柜里扔。当年的钱庄庄票，曾被工商界人士誉为“金蝴蝶”，意思是庄票可以满天飞。工商界之所以信任庄票，源于钱庄为资本家的合伙组织。合伙的股东大多为工商巨富，不但负有无限责任，还负有连带责任。于是周舜卿给筹建中的商业储蓄银行，取名“信成商业储蓄银行”。起名“信成”是取“民无信不立”“有信必成”之意。

大家都感到，要使银行健康发展，必须有章可循，要尽快制订出自己的章程。于是委托沈缦云等人起草几个章程，如：《上海信成储蓄银行存款章程》、《上海信成商业银行营业章程》。会上经反复酝酿，决定由王一亭、顾馨一、郑宝贤、徐文渊、洪恩苞、李鸣鹤等各界著名人士分别筹集股份。随即呈文清政府，不久就得到批准，当即觅得地址，然后绘图建房。与所有商品经营要选择热闹的市口作为营业场所一样，银行行址选定为大东门(旧上海城垣的朝宗门)万聚码头沿江，同时又在北市自来水桥浜北(现北苏州路176号)设立分行。

银行的经营操作，必须要有完备的规章。对这一点，沈缦云十分重视，认为其“章程日益完备，条理日益周密，其组织之方、准备只要、筹记之理法、存簿之规则，及用人放款一切事宜，靡不有成规可循”。

在这样的理念指导下，沈缦云又于次年与周舜卿的无锡老乡蔡兼（缄）三等再赴日本专门考察，向日本的有关银行“借抄章程，誊写格式，旁看办公，调查一切”。

蔡兼三（1868—1937），名文鑫，以字行，无锡田基浜人。自幼读书勤奋，县试名列前茅。乡试未中，遂弃学经营。原为三里桥永源生米行与复生堆栈的大股东，能说一口南腔北调的方言，那是他在米业接待客人时学会的。周舜卿认为蔡兼三既忠诚又能干，还能讲几句官话，如果与官府往来就不会吃亏，所以很赏识他。这次带他出去考察，目的是为筹备无锡信成银行培养人才，体现了周舜卿的远见卓识。

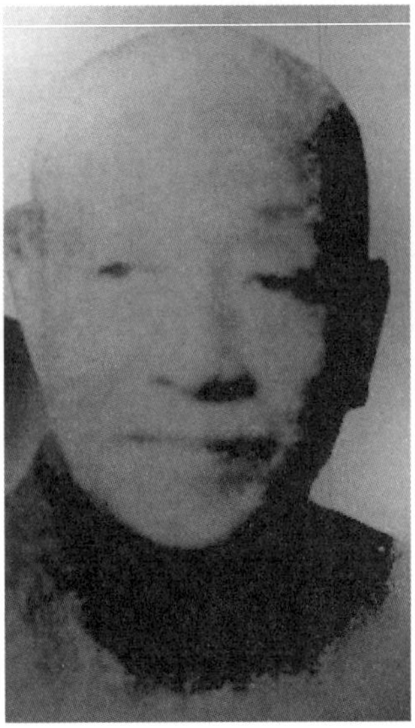
蔡兼（缄）三

从日本考察回国以后，沈缦云便根据本国的实际情况，并在参照日本国银行成例的基础上起草章程，在起草章程时更是益求精密。他为筹建中的信成银行制定了存款章程33条、营业章程25条，以及储蓄银行有限公司招股章程、正本储蓄股份章程、特本储蓄积余股份章程15条等各项章程，使银行的一切经营活动有章可循。这样，既规范了主客户关系，又明确了银行内部上下职责，便于监督管理，避免差错纠纷。所有这些，与今日之现代化银行比较，理念上已十分接近。沈缦云不负重托，仅用一个多月的时间，便较好地完成了任务，显示了自己的卓越才干。

章程全文33条，主要内容如下：

第一条为业务分类。“本银行分设二柜，一系商业银行之柜，一系储蓄银行之柜。凡汇划、兑换以及百元以上款项存付具归商业银行柜台办理。凡一元以上零星存户俱归储蓄银行柜台办理。”明确了商业银行柜与储蓄银行柜的业务分工。储蓄银行接待的是一元以上百元以下的零星存户。

第二条是服务对象及信用保证。“储蓄银行专代小本经纪之人，收存是零星款项。凡有洋银满一元以上，不论多寡，不论士农工商、男女老少，均可来行存储生息。确实可靠。永保无虞”。“确实可靠。永保无虞”，是银行做出的信用保证。对此，笔者认为，无论是古老的典当、后来的钱庄，还是近现代的银行，信用从来都是这些金融行业生存的基础。所谓“克存信义”，方能“一诺千金”。银行失去了信用，没有人会来存储。企业、个人若失去信用，银行也不会把钱放贷出去。信成储蓄银行为了提高信用等级，除了在存款簿上印上“永保无虞”外，还注重：①通过报纸等渠道，大力宣传银行开设正本股金五十万两，特本股金五十万两，以股金实力来取信储户；②宣传周氏各地企业的兴旺业务与资金实力；③拉清政府商务部做招牌，提高社会声望；④大力塑造周舜卿个人的诚实品质。同时，银行对客户的存储咨询，都认真接待、答复。笔者收藏有周舜卿用高质量信笺回复濮某的咨询信件，即是一证。

从第三条至第八条，写的是储蓄分类。储蓄分定期存款与零星存款（后列专条章程）二种。定期存款又分：①零存付；② 付零付；③存、付，凡三种。然后每类详细举例说明。例如零存付：假如每月存洋银一元，逐月照存。一年期满可付还洋钱12.326元。5年期至50年期本金、利息合计，详述详列，以此类推。又例如一次存洋1000元，言明分10年按月支取，则每月可付洋银10.58元。又例如存取：存洋银1000元，一年期可得本利105.063元。定期年以阴历十二月计，闰月不计。

第九条至第十三条，写的是专项储蓄。专项储蓄分①修学预备储金；②学资储金；③婚嫁预备储金；④养老储金。银行按另册存储，按定章办理。例如修学预备资金：自始生之月起，每月存洋银1.87元，满17岁可付还洋银600元。例如学资储金：存入530.54元，五年之内，每月可付10元，以供该生每月之学费。五年期满，本利清讫。例如婚嫁预备金：自始生之年每年存14.29元，满20岁可付还500元做婚嫁之费。例如养老储金：每月存钱2.42元，20年后可付还1000元做养老之费。举例详尽，可以此类推。

第十四条至十八条，写的是零星存款。零星存款年息4厘。满半年为5厘（需预先预定）。上午存款当日起息，下午存款，后一日起息。均于支付前一日止息。

第十九条至二十四条，为结息方法。复利计入和利息奖励。延长存期，揽储成功的客户、学堂、善堂、公所积存款储户，均示奖励。但其数不得逾七厘。

第二十五条规定，凡各国洋银及各埠平色不同之银两，存储时均需照市价折作上海通用银元。铜元亦随时折作大洋。

第二十六条规定，存户开户时需将姓名、住址、职业据实开写。银行当即编号填给存簿第一册为凭。其相当于当今存折。

上海信成银行(旧址)

第二十七条至三十三条，主要内容为存折的填写方法、书写错误的更正方法、存户信息变更的通知办法、存折遗失的补发手续，告之存户不能通兑以及营业规定、节假日规定和作息时间。

章程周到详明，提高了银行的信用度。详列存储利益，提高了宣传力度，明晰了主客双方的应知，增强了操作性和约束力。

沈缦云又根据现实的需要，把存款章程全文印入开户存折，既是为了方便银行方操作，方便客户知情，又将存款储蓄

上海信成银行正在营业(老照片)

利益大力度、详尽(每项有一年期到五十年期举例)地进行了宣传。

章程后面是储蓄存付款簿,它是存折账簿中最重要的部分。对储户来说,这是存储的凭证,是最为重要的。它自上而下,分为6格,自右而左,分为7行。首格首行印有宣统年。第二行开始即月、日,时间待填。第二格为收存数目。第三格为银行收款人盖章处。第四格为支付数目。第五格为储户支取款项签字处。第六格首行为除付净存之数,第二行印有千百十圆角分厘空格待填。

《信成储蓄银行开户存折账簿》宽近12厘米,高16厘米。由三部分组成。1.外壳,封面有编号、无姓名。有编号便于查考核对,无姓名有利于保密、保险。2.信成储蓄银行存款章程,共33条。铅印红字,占第一至第七面。3.储蓄存付款簿,占第一至第十七面。

清光绪三十二年(1906)四月二十八日,设在上海北市自来水桥浜北(今北苏州路176号)的分行先行开业,经理为顾达三。于南市万聚码头沿浦开设的总行,自建三层洋房为行基,在八月落成,九月十一日正式开业,这是我国银行史上第一家商业兼储蓄银行。该行股本五十万元。周舜卿、沈缦云、王一序、孙鹤卿、徐子云、顾馨一、林虎侯诸先生为董事,总理为周舜卿,沈缦云兼任协理,董事11人,查账员2人。

南北两行开办以后,业务颇为发达。为了吸纳更多的市民前来小额储蓄,沈缦云根据章程,把被人轻视为“零售业务”的储蓄工作摆到了重要位置,奉行“存款不拘名少,无论任何人凡有银洋满一元以上,均可存储行中生息”的原则,吸收了社会上大量分散的闲置资金。信成银行改变了以往银行只收大额存款,不收零星小额的做法,由此开银行储蓄之先河。

信成银行为了便于银行周围工人在例假日到行收付款项,还在营业时间上做了如下规定:“凡遇礼拜日,照常办事,并不停歇,以便工人得各以其假日来行收付款项。”这些规定,对我们今天的银行仍有借鉴之处。信成银行就这样从“小生意”做起,以“人休我不休”的经营方式,发展兴旺起来。两行存款总额最高时达到700万元。

随着业务的发展,该行还在北京、天津、无锡、南京设立分行,分别由唐浩镇、陈溢庆、蔡兼三、周少芝担任经理,并在苏州、镇江设立兑换钞票处。总行经理为周舜卿,统管总行与各分行的重要事宜,平时常驻总行,必要时与协理沈缦云赴各分行巡视。发现问题,及时解决,因而信用倍增。

信成银行无锡分行,创办于清光绪三十三年(1907)二月,租赁米业巨商陶念钧在北塘财神弄口的住宅为行址。股金10万元,收储存款达70万元。这是无锡最早的一家私营商业银行。

无锡信成银行经理为蔡兼三,主持无锡分行的行政和业务。协理(即营业主任)为殷俊卿,主管往来业务。这时,殷俊卿已年近古稀,系银钱业出身,是无锡金融界的前辈,与著名的达源钱庄经理单蓉坡是同时出道的兄弟,他对于放贷信用贷款颇有经验,对殷实商人较为熟悉。他认为靠得住的客户就尽量放款,如无实在资本的厂商来贷款,就都婉言拒绝,办事十分谨慎。因此,周舜卿聘请他担任分行协理(营业主任)。如遇有特殊情况或需贷出巨款时,仍需报请蔡兼三决定。

无锡信成银行(旧址)

信成银行无锡分行的营业,分商业往来与储蓄两个部分,故全称为信成商业储蓄银行。

(一)商业往来部分:完全按照无锡钱庄的惯例

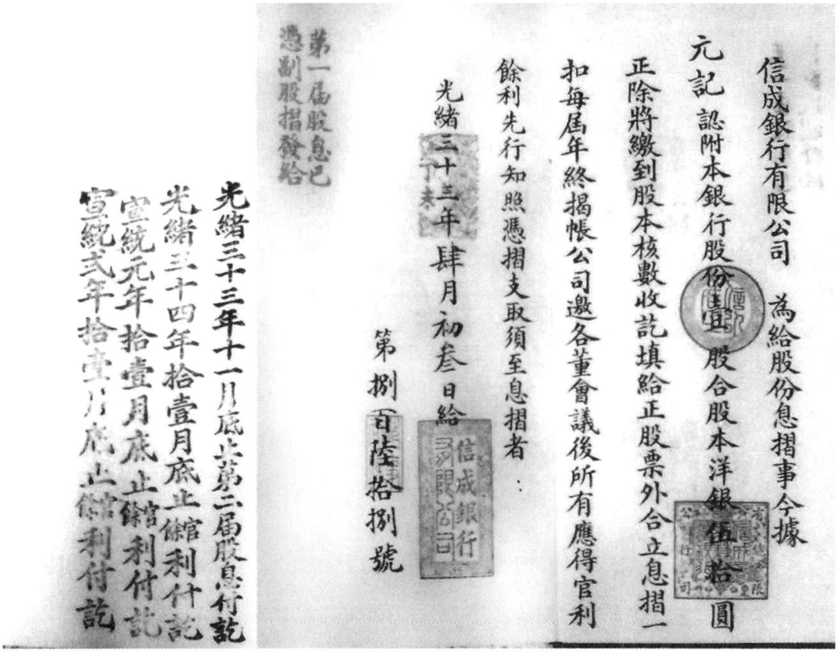
信成銀行有限公司　為給股份息摺事今據
元記　認附本銀行股份壹股合股本洋銀伍拾圓
正除將繳到股本核數收訖填給正股票外合立息摺一
扣每屆年終揭帳公司邀各董會議後所有應得官利
餘利先行知照憑摺支取須至息摺者
光緒三十三年肆月初叁日給
第捌百陸拾捌號
第一屆股息已
憑副股摺發給
光緒三十三年十一月底止第二屆股息付訖
光緒三十四年拾壹月底止官利付訖
宣統元年拾壹月底止官利付訖
宣統貳年拾壹月底止官利付訖

信成银行股息折

办理业务，以发放信用贷款为主，并兼做抵押贷款。信用贷款以殷实的厂家、典当、米行、堆栈等为主要对象。抵押贷款包括厂房生财、丝茧货物、粮食栈单等抵押物。当时的信用贷款，以同蔡兼三有关系的永源生米行、复生堆栈等以及与周舜卿有关系的丝厂、典当、铁号等用款最多。押款方面，振新纱厂和茂新面粉厂的生财是全部抵押给信成银行的，所以这些厂的用款也较多。信用贷款的息金悉照各钱庄按月议定的拆息计算。抵押贷款的息金，在成交时由双方议定。

（二）储蓄部分：分活期、定期两种，活期以年息四厘付息，定期为年息五厘。每年结算，总是提存者少而储存者多，故存款逐年增加，贷放量也逐年雄厚。

信成银行无锡分行除经理、协理外，所有行员、助理员等大多是与富商、大贾、豪绅有关系的，假使背景不大的寒门子弟，偶尔侥幸插足其间，亦难长久立足。

信成银行无锡分行开张的那天，热闹异常，铺张浪费也十分惊人。无锡、金匮两县的知县和地方文武官员、各团体领袖以及大绅士等都纷纷前往祝贺。所以自早到晚，门前呼喊接帖声持续不绝，门房当差的忙得不可开交。行内并备有丰盛酒筵，宴请来客，真是济济一堂，颇极一时之盛。这样热闹的场面，既炫耀于乡里，也无异于做了一次很大的广告宣传。

信成银行无锡分行成立以后，由于经营得法，业务迅速发展。因而得到总行周舜卿、协理沈缦云的多次表彰。

无锡文史专家鲍汉祖早年收藏有信成银行账簿一册，记录存主在宣统元年四月二十三日（1909年6月10日）存入大洋10元，至五月初七（6月24日）取出，共14天，得息0.015元，均用墨笔填写。收洋职员熊翔在洋银数目上戳名字印，银行收款人盖印格铃“总行存款图记”篆文印。付款两讫后，要盖“两讫”印、“熊翔”印及“周舜卿”“缦云（沈懋昭）”篆字印。在付款簿最上端盖有三方骑缝印。毛笔书写有个人特色，多印齐盖，要私改伪造，是十分困难的。

第二节　信成银行发行纸币

信成银行的业务日益兴旺，但效率还不够高。这是什么原因呢？细心的沈缦云经过详细察看，发现储户在取兑时，用铜币和银元流通，一方面流通不方便，另一方面携带不便捷。

《营业章程》共25条，指出该行是吸取东西方各国商业银行的惯例，以存款、贷款、贴现、汇兑和发行钞票五项为营业大宗。为了活跃市场经济、方便市民的借贷，沈缦云根据章程，及时提出了发行纸币的设想。

周舜卿本是实业家和商人出身，懂得金融资本对企业发展的重要性，特别是他曾随清政府考察过日本，对日本企业与金融机构之间的关系有较深刻的了解。于是两人不约而同地想到发行纸币，以增加流通。可是发行纸币，得由朝廷批准。就在这时，他们想到了原在朝廷任农工商部左侍郎署理尚书的唐文治。虽然他因母丧回到家乡，但对朝廷的影响还在。因而周舜卿仍能借助他的影响结交朝廷中的大臣。

光绪三十三年（1907），经商部批准，信成银行获得了钞票发行权，印造一百元、五十元、十元、五元、一元五种纸币，并代理清政府上海道署的库银，因而信用卓著。

沈缦云周览当时在市面上流通的大清户部银行发行的

纸币，感到自己银行发行的纸币应有自己的特色。在信成银行发行纸币的过程中，曾得到清朝贝子的关照。因此，周舜卿灵机一动，提议在钞票上印有清朝贝子载振的肖像。这样，既炫耀了信成银行的地位，又增进了与朝廷的亲密关系。事后，周舜卿曾感慨地说：“蒙贝子尚书颁给肖像谨敬摹写印入钞票，以增信用而杜伪仿，系银行中之有发行钞票之权者。”

为了适应发展的需要，信成银行又在北京、天津、无锡和南京设立分行，可出立本票、支票、汇票，并有发行钞票的特权。有上海、北京、无锡和南京地名的银元票，有伍元券，行名称为上海信成银行，纸币下方的边栏在框中，都印有“无锡”的票样，而币面中央则加盖“南京”地名。与以往被称为“洋票”的纸币不同，该券被称作“通用龙元票”，票中特别印明“永远通用龙元，只认票不认人”，而不是原来的“凭票即付上海通用银元”。值得注意的是，票面左右两侧还印有光绪元宝银币正反图样，其上方文字也为“通

第一版：光绪三十三年银元票

用龙元”，而与光绪元宝定制的“××省造”迥然不同（背面英文亦然），实为一杜撰的银元图样。另外，此券加盖“舜卿”“缦云”两枚隶书朱文印章，也不同于载振像钞票上所盖“周舜卿”“沈懋昭”篆文图本。

第一版：上海地名一元券正面加盖图形“壹元”，修改版

1913年，上海信成银行在开业8年后停业清理。所发行的纸币如数兑现收回，各种存款也于1914年分期、分批给偿利息。由于回收彻底，且历经百年沧桑。目前，上海信成银行纸钞存世稀少。

多年来，著名的金融收藏家王允庭收藏了一些信成银行纸币，并对其办事、流通的范围，以及所产生的作用全面、系统地做了分析。下面摘录了他制作的《华商上海信成银行纸币一览表》，以飨读者。

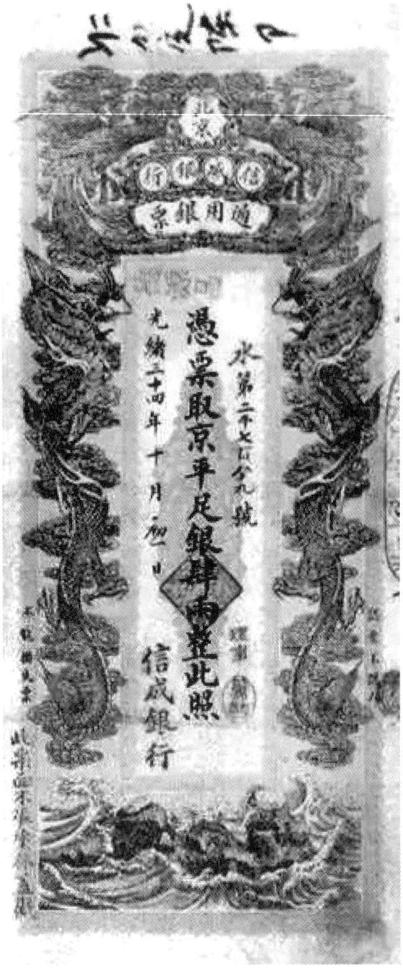

第二版：光绪三十四年银两票

第一版：天津地名改为南京地名

第三版：光绪三十四年银元票

第四版：民国元年银元票，未发行

华商上海信成银行纸币一览表

年代	地名	面值	票型	职章	备注	来源
光绪三十三年正月谷旦	北京	一元	横	两枚	加盖红、蓝两枚“作废”章	嘉德2002年秋拍
光绪三十三年正月谷旦	北京	五元	横	两枚		嘉德2004年春拍
光绪三十三年正月谷旦	北京	一元	横	两枚		嘉德2005年秋拍
光绪三十三年正月谷旦	北京	一元	横	两枚		嘉德2007年春拍
光绪三十三年正月谷旦	北京	一元	横	两枚	“筹中集钞”章	嘉德2007年秋拍
光绪三十三年正月谷旦	北京	十元	横	两枚	“筹中集钞”章	嘉德2007年秋拍
光绪三十三年正月谷旦	北京	一元	横	两枚		嘉德2008年秋拍

续表

年代	地名	面值	票型	职章	备注	来源
光绪三十三年正月谷旦	上海	一元	横	两枚	加盖红色“壹元”圆章	嘉德2005年秋拍
光绪三十三年正月谷旦	上海	五元	横	两枚	“筹中集钞”章	嘉德2007年秋拍
光绪三十三年正月谷旦	天津	十元	横	无	加盖两枚印章	泓盛2010年春拍
光绪三十四年十月谷旦	无锡	一元	横	两枚	加盖“改上海通用银元”红章	原吴筹中收藏
光绪三十四年十月谷旦	无锡	一元	横	两枚	加盖“南京”地名红章	中国历代纸币系
光绪三十四年十月谷旦	无锡	五元	横	两枚	加盖“南京”地名红章	中国历代货币大系
光绪三十四年十月谷旦	无锡	五元	横	两枚	加盖“南京”地名红章	中国历代纸币展

续表

年代	地名	面值	票型	职章	备注	来源
光绪三十四年十月谷旦	无锡	一元	横	无	加盖“样子”红章	中国历代纸币展
光绪三十四年十月初一	北京	贰两	直	一枚	盖押款章、落地章、骑缝章等	中国历代货币大系
光绪三十四年十月初一	北京	肆两	直	一枚	盖押款章、落地章、骑缝章等	中国历代货币大系
中华民国元年元月	上海	一元	横	无		嘉德2007年春拍

第三节　做民族资本发展的后盾

对于信成银行取得的巨大成就，外国列强开始觊觎。

清宣统二年（1910），驻京奥国公使代表德、奥政府向信成银行提出合办要求，且拟订出一个合并方案。为此，信成银行召开第五次股东大会，总经理周舜卿在大会的报告中首先通报了目前形势：“驻京奥国公使屡次与鄙人提议中奥银行之联合，欲各集资本100万元，由华商出面在中国商部注册，权限则两国平均。又云：‘吾奥德联合，有极大之联德银行为之后盾。如商部批准，贵行各股东允许告之联德银行，

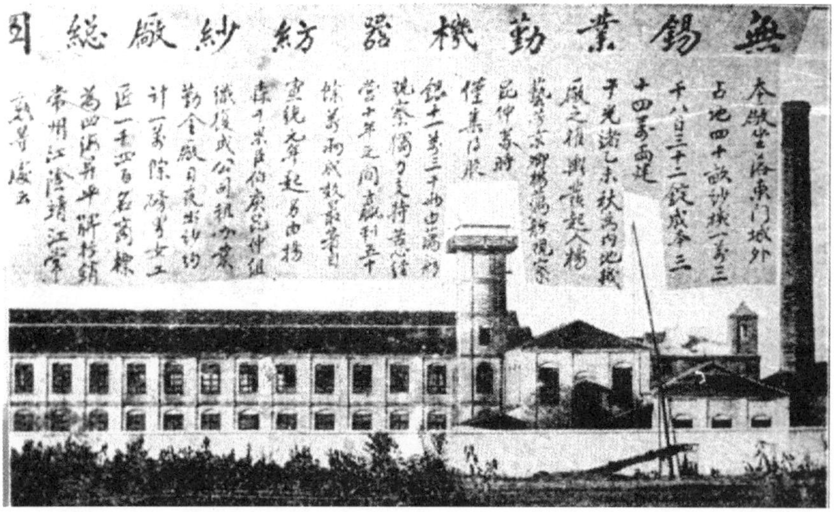

无锡业勤机械纱厂

即可成立…… '"周舜卿说到这里，便一针见血地指出，外国列强企图以合并的形式，达到吞并信成银行的目的。

面对列强企图吞并的阴谋，沈缦云洞若观火，并严词拒绝："这是我们中国人自己开办的银行，绝不允许外国人染指。"在外国银行力图控制中国金融事业的情况之下，信成银行虽然在经营业务时困难重重，但始终坚持国人自办，不向外国人低头。

《上海信成储蓄银行有限公司招股章程并启》第四节中明确规定："遵守公司律，无论官商均可入股，维此系中国有限公司专集华股，不收外股。"钞票上在"上海信成银行"的前面冠以鲜明夺目的"华商"二字。当时中国境内外国银行林立，如英之汇丰、俄之道胜、比之华比、日之正金、美之花旗银行等，早已遍布中国都市，而中国人办的银行却寥寥无几。信成银行的出现无疑有利于激发人民群众的爱国主义情感。

据《中国近代史常识》记载，先前，许多民族工矿企业每当资金困难时，往往就向外国银行借款，如有名的上海商务印书馆、南通大生纱厂以及南浔铁路等企业，其均曾向日本借款，或多或少地受到日本资本的操纵。1893年，重庆开了一家聚昌火柴厂，英商怡和洋行立即从本国运几百箱火柴到重庆和它竞争。聚昌火柴厂要求政府加以干涉，但卖国的封建政府却蛮横地下令："不许华人在该处再开，不得禁止洋商贩运贸易。"

信成银行成立以后，就成了民族资本家发展的后盾，在

杨宗瀚

资金上给予一些民族资本工业很大的帮助。

光绪二十六年(1900)夏,无锡杨宗瀚与兄宗濂及中表刘鸿笙、刘权培等商议后,决定筹建业勤纱厂。在两广总督张之洞的大力支持下,于东门外兴隆桥附近购地建厂。

几年后,厂房虽然建成,但刘氏兄弟交股未及半数,而外股又大多观望,以致订购机器的钱无法付清。于是洋商乘人之危日日追讨,还不时进行恫吓,新生的业勤纱厂面临夭折的危险。

在这关键的时刻,周舜卿、沈缦云领衔的信成银行及时送上了支持,使业勤纱厂安然渡过了难关。在这之后,杨宗瀚兄弟时常把栈存的成品原料,向信成银行做抵押,从而保证了业勤纱厂资金运转的畅通。

荣氏兄弟纪念塑像

无锡荣宗敬、荣德生兄弟在振新纱厂创办初期,由于资金的缺乏,出现了暂时的困难。于是荣氏兄弟找到周舜卿,把厂房机器全部抵押,取得信成银行8万元的贷款,从而保证了工厂的正常运转。

无锡茂新面粉厂旧址

荣氏兄弟在办厂最初几年的摸索中，深感要与外商竞争，改进企业设备、提高产品质量是关键。而企业发展，难免要负债经营。在这方面，荣氏兄弟认为，只有借钱—赚钱—还钱，企业方有发展之日。而兄长荣宗敬说得更直白了："我虽没钱，人家肯借钱，我就要借。"

一次，他们准备与德国商人爱益奇签订购买18000锭带独用小马达的细纱机。这对起家不久的荣氏兄弟来说，资金缺乏是最大的制约因素。于是，荣氏兄弟找到周舜卿、沈缦云，愿用新建的厂房做抵押，最终获得贷款，如愿从德国商人手里购到先进设备，大大提高了纱锭生产质量，半年不到就还清了信贷。

振新纱厂旧址

周舜卿、沈缦云之所以敢大量放款还不吃倒账，主要是因为在各分行都设立了一个调查科，对当地企业逐一做过详细的调查考察。在成交前，又对每一笔押品做过实地考察，查明实情。这样就可以减少银行的风险。

第三章

从关心政治到投身与支持革命

第一节　关心政治从张园会议开始

光绪二十六年(1900),八国联军入侵,清廷宣战,东南督抚搞所谓的“中外互保”。唐才常以反对清政府引义和团排外为名,于七月上旬在上海英租界张园召开“中国国会”,或称“国会”,谋组自立军。

自立军是中国近代资产阶级维新派组织的武装,是康有为“保皇派”与孙中山革命派合作的产物。戊戌政变后,唐才常辗转到日本,和康有为、梁启超商讨,决定组织武装“勤王”,以实现君主立宪的目的。

唐才常(1867—1900),字伯平,号佛尘。湖南浏阳人。贡生出身。与谭嗣同同乡,同拜欧阳中鹄为师,并称“浏阳二杰”。当时,唐才常也得到孙中山的支持,留日学生林圭、秦

唐才常

唐才常创办的浏阳新算学馆

力山、沈翔云等先后参与其事。光绪二十五年(1899)冬,唐才常、林圭等回国。次年在上海发起成立正气会,旋改名自立会,对外称“东文译社”,以教授日文为掩护,秘密筹组自立军。

上海张园

联络会党的张园,坐落在南京西路以南的泰兴路上,是英国商人格农在19世纪中叶建成的,在20亩地上建有西式花园洋房三座。1882年,格农将它售与无锡张叔和,张园的名称由此而来。

张叔和(1850—1919),无锡东门含锡桥人,著名实业家。光绪十八年(1892),张叔和又在新辟的园内建造了一座高大的洋房。该洋房借鉴了西洋造园的特点,洋楼高大,道路宽敞。英籍工程师以英文ArcadiaHall命名该楼,意为“世外桃源”,与“味莼园”意思相谐,取其谐音“安垲第楼”。分上下两层,功能齐全,可容千人以上会议。张园自1885年正式对外开放,光顾张园的不仅有中国人,还时常有外国人。在以后的二十多年中,一直是上海最大、活动最为丰富多彩的公共场所,也是事实上的市民游乐中心。有诗曰:“海天胜景让张园,宝马香车日集门。客到品花还斗酒,戏楼萧鼓又声喧。”生动描绘了当时张园的繁华盛景。1900年以后,集会、演说便成为张园的一大特色。

容闳

严复

这次会议就是在张园召开的。与会人员达数百人，有上海各界的知名人士，如容闳、严复、章太炎、文廷式。沈缦云作为上海商界中初露头角的人物，应邀参加了这次会议。

容闳(1828—1912)，号纯甫。广东香山南屏镇(今属珠海)人。出身贫寒。道光二十七年(1847)初，赴美学习，咸丰四年(1854)，以优异成绩毕业于耶鲁大学，成为毕业于美国大学的第一个中国留学生。

严复(1854—1921)，乳名体乾，初名传初，后改名宗光，字又陵，名复，字几道，晚号愈壄老人，福建侯官(今福州市)人。戊戌变法后，至宣统元年(1909)，先后译出《原富》、《群学肄言》等书，是近代中国系统地介绍和传播西方资产阶级政治学说和思想文化制度的第一人。

这次会议上，唐才常担任总干事，负责制定会议章程等具体事务。林圭、沈荩、狄葆元为干事。会议宣布："一，保全中国自立之权，创造新自立国；二，决定不承认满洲政府有统治清国之权；三，请光绪帝复辟。"

在张园的会场里，沈缦云对一切都感到好奇。到会者他都不认识，对唐才常的熟悉，也仅是在报纸上通过刊登的消息才有所了解。只觉得他是个很有抱负的热血青年。如今听了他关心政治、富有鼓动性的演讲，更是敬佩不已，打从心底十分赞同。唐才常组织自立军宗旨明确，很有号召力。沈缦云带头报名。实行军训之日，他经常步行到操场，脱去长袍，持枪操练，一丝不苟。

当他得知唐才常谋组自立军缺乏经费时，便慷慨助饷15000元。事实表明，张园会议是他关心政治的开始。从此，他参加的活动越来越多，渐渐成为上海工商界一颗闪耀的新星。光绪三十一年(1905)中秋节，沈缦云受马相伯之聘，为复旦公学校董。

马相伯(1840—1939)，原名志德，晚号华封先生，祖籍江苏丹阳，生于丹徒(今镇江)，襁褓间即受天主教洗礼，洗名若瑟，亦作若石。杰出教育家蔡元培，民国高官于右任、邵力子为其弟子。

光绪三十一年(1905)春，耶稣会欲变震旦为教会学校，以让马相伯"养病"为由，委任法国神父南从周(Perrin)为总教习，改变办学方针，另立规章。学生大为不满，摘下校牌，全体退学。马相伯看到退学学生的签名簿时，老泪纵

马相伯

横，决意站到学生一边，并得张謇、严复和袁希涛等名流的支持，在江湾另行筹建复旦公学（今复旦大学），于中秋节（1905年9月13日）正式开学。马相伯任校长兼法文教授。严复为第二任校长。沈缦云受马相伯之聘，为复旦公学校董，经常参加学校开展的活动。

以后，马相伯与沈缦云、严复等在教育和社会事业，以及进行革命活动方面，交往颇密，结成了深厚的友谊。

一个有志的实业家，一般在自己事业有成以后，想到的是如何回报社会、造福乡梓。光绪三十二年（1906），沈缦云与宋廷柱、尤秉彝两位实业家，在南市新码头里街，合办上海竞化女子师范学堂，公推其妻沈钦苓任校长。分本科、预科、附属小学三部。教育内容远远超出传统女子学习的内容，有中文、西文、医学和女红。中文内容仍保留《女孝经》和《女四书》，这是办学走向社会的良好开始。

上海的慈善事业早在明代已有一定的规模。但是，长期以来似乎局限于救苦济贫，而对于如何抚养无所依靠的孤儿、贫儿，并对他们施以教育，让他们成为有用之才，之前少有尝试。而沈缦云就要在这方面进行尝试。

光绪三十二年（1906），沈缦云又与高翰卿、王一亭、李平书等，在南市雨化堂创办上海孤儿院，收养男女孤儿。不久，沈缦云又与李平书等，在龙华觅地20余亩，建40余楹的新院，共支款34500余元。除募集外，不敷之数，沈缦云慨允代垫，从而保证了上海孤儿院的正常运转。不久，新院扩充名额，共收容孤儿300余人，学科均遵小学章程办理。男院还分编藤、木工、园艺、织布四科；女院分缝纫、烹饪、图书、造花、刺绣五科，从而成为这些孤儿长大后的谋生手段。

光绪三十三年（1907）初，沈缦云与李平书、李云书、殷倡樵、姚伯欣等先生，为振兴上海城乡市面，商请潘月樵、夏月珊、夏月恒发起组织“振市公司”，筹设新舞台于南市十六铺外滩。

开幕那天，编演新剧，开通民智，生意鼎盛，十六铺一带市面借以繁荣。每周并有学校、团体假座开会演讲，随时请马相柏、吴稚晖、宋教仁等先生演说，以宣传新思想，鼓吹革命。

3月，沈缦云与叶惠钧先生登台串演刘艺舟主演的新剧《波兰亡国惨》和《吴禄贞被刺》，把中外的两个重大的历史事件搬上舞台，从而轰动全上海。后因院屋陈旧，筹划发展城内市面，扩充资金十六万元，改

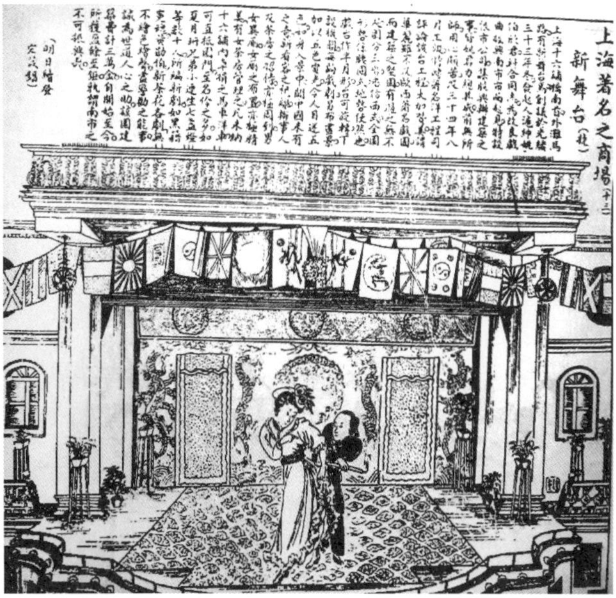

老上海的新舞台

张竹君

组为“兴市公司”，购地于城内九亩地，兴建新屋，气象一新，执上海各舞台之牛耳。

李平书精通中医。不久，他约集梅问羹、沈缦云、虞洽卿、王一亭等，创办上海医院（今上海第二人民医院前身），以张竹君为监院（院长，广州人。创办南福医院），开国内女界创办医院之先。光绪三十年（1904）移师上海。当时国人自办之医院，以该院配置为最完备。上海医院除日常诊病、治病外，还定期举办义诊，协助市政府当局遏制传染病。沈缦云在繁忙的工作中，经常过问医院的日常情况，及时解决在财政上出现的问题。

但是此刻，中国正值内忧外患之际，帝国主义对中国人民的压迫与日俱增，而腐朽的清王朝故步自封、不思改良，沈缦云深以为忧。他经常关心国家大事，兼读各种英文书籍报纸，且经常与一些工商业头面人物和爱国绅士交往，深感国势危急，振兴实业和兴办银行虽可为祖国争光，但清政府腐败无能，倘不能在政治上效法西方，实行民主改革，仍然无济于事。有鉴于此，他在创办实业的同时，开始关注并参加一些政治活动，希望在政治上亦能有所作为。

第二节 出资助办《民立报》

那时，伴随着列强侵略的加深，民族危机日益严重，民族资本主义的产生与发展、新兴资产阶级的出现、中国和外国交往的增多、资本主义的科学技术和政治学说的渐次传入，人们的思想又为之一变。

在轰轰烈烈的百日维新当中，康有为曾以别人的名义提过“立宪”这个问题。但可能是怕卷入上层的政治斗争，也可能是估计到了变法的难度而没有直说。

戊戌变法以后，一切遵由旧章，新党或死或逃，或变节或退隐，开议会之事没人再敢向朝廷说起。张謇虽没直接参与戊戌变法，也没因此而受到牵连，但他同情、支持过变法，因而其主张变法图强的决心没变。光绪二十七年(1901)，他大胆上书朝廷，要求变法，写下一篇约两万字的《变法评议》，列举兴革事宜42条，主要宗旨是主张在不流血、不纷争的状态范围内，平和、中正、渐变地改进。这和康、梁的变法有异曲同工之处，可说是戊戌变法的继续。

然而朝廷并没有理睬张謇的变法主张。张謇深知要求朝廷立宪的难度，这需要倾注很大的热情，花费巨大的精力，从各方面去劝说、开导、鼓励、组织，去造成一个要求立宪的声势。几年内，张謇为立宪奔走呼号，不遗余力，成为全国瞩

清状元张謇

目的立宪派领袖。

张謇(1853—1926),江苏南通人,字季直,号啬庵。世代耕读传家,兄弟五人,排行第四。幼年时聪明好学,5岁时能背诵千文。同治八年(1869)中秀才。光绪十一年(1885)获顺天乡试第二名。光绪二十年(1894)中状元。中日甲午战争,清政府失败,签订《马关条约》。他见权臣当道、国事日非,便请假回乡,开始寻找救国之路。他认为中国之弱在于贫,救贫之法在于实业和教育,“以实业与教育迭相之用”。

光绪三十年(1904),出使法国大使的孙宝琦提出:以政务为上议院,督察院为下议院。两江总督周馥、湖广总督张之洞等群起响应,要求立宪之声不绝于耳。

南通博物苑

实行立宪，就等于否定了皇帝的绝对权威，这就使得皇帝承认还有一个比自己意志更高的东西——宪法。如果要清王朝的统治者在立宪与革命之间做出选择，那么他宁愿接受立宪而绝不会容忍革命。

孙宝琦

光绪三十一年八月（1905年9月），日俄战争基本结束，日本以一弹丸小国而战胜封建俄国，这对封建专制的中国影响极大。世之论者咸以专制和立宪分两国之胜负。这促使朝廷开始认真考虑立宪问题。

大清国钦差专使大臣载泽

是年十二月，载泽（镇国公）受清廷委派，带领戴鸿慈（户部侍郎）、端方（湖南巡抚）、李盛铎（顺天府丞）、尚其亨（山东布政使），统称“五大臣”，分两路分别考察日本、英国、法国、比利时等国。

光绪三十二年（1906）七月，载泽、端方、戴鸿慈回国。这次考察对他们很有启发，盛赞欧美各国政治之美，并得到各国宪政书籍400多种。船刚回到上海时，就受到了张謇等国内立宪派要人的热烈欢迎，宣布预备仿行宪政。以张容为首的地方绅商，为了自身发展的需求而纷纷请立宪政。于是，立宪团体竞相出现，立宪运动在全国迅速展开。

赴欧考察的五大臣及随员在罗马合影

1906年初，清政府出国考察宪政的五大臣与外国人的合影

光绪三十二年(1906)九月一日，朝廷正式颁布“仿行宪政”的谕旨。该谕旨的措辞是相互矛盾的，它既不肯放权，一心想维护皇帝的绝对权威，又想利用预备立宪，达到抵制革命、再行中央集权的政治目的，这使立宪派感到失望和不满，决心组织起来，向朝廷请愿。

几年前，周舜卿就与张謇在生意上有过往来，因而对他的为人、风度、气质早就有所了解。沈缦云对张謇的了解，则是来源于周舜卿的口头介绍。当从报纸上看到张謇在推动国会请愿运动时，沈缦云从心底佩服他的壮举，因而更关心他的行踪，关心朝廷的动向。

沈缦云为了解民意和社会动向，除了订阅《申报》以外，又订阅了《民吁日报》等多种报纸。因为《民吁日报》鼓吹革命，所刊文章慷慨激昂，沈缦云非常欣赏。可是，他近来发现邮递员已有多天没有送《民吁日报》来了。这是什么原因呢？

于是，他让自己的助手前去打听，才知这是缺乏资金的缘故。出于对《民吁日报》的喜爱，有一天，他专程来到于右任的寓所相访。虽然素不相识，却主动提出愿以巨资相助。

于右任

于右任有几次被上海道和租界当局逼得几乎走投无路的前车之鉴，又有过被报界同业围攻的体验，因而他十分小心：在上海这样复杂多变的环境里，一位素不相识的金融界要人愿出巨资施以援手，是需要当面问清楚对方有什么条件的。可是他刚说出口，沈缦云便爽朗地回答：“唯一的条件，是必要时让我继续支持你。”

于右任正在报社工作

在于右任办报经费紧张的情况之

下，沈缦云当即慷慨解囊，投资5万元，并当场指定他的助手王步瀛随时与于右任取得联系。这分明是雪中送炭，于右任十分感动，连连称谢。随后两人促膝交流，从而使沈缦云进一步了解到于右任的为人，以及办报的不寻常经历。沈缦云听了敬佩不已，更坚信自己这么做是对的。

于右任（1879—1964），原名伯循，字诱人，别署“骚心”“髯翁”，晚年自号“太平老人”。陕西三原人。近代政治家、书法家、教育家、诗人。于右任从年轻时开始蓄须，从黑到白，长髯飘飘了一辈子。同人后辈尊称他为髯翁、右老，民间百姓则直呼其为于胡子。髯翁广为人知的名头有两个：一个是国民党元老，另一个是书法大家。他还有一个少有人知的名号：元老记者。

于右任是因为办报才加入革命党的。光绪三十二年（1906）四月，于右任东渡日本，为创办《神州日报》进行考察。经陕西乡党介绍，时年27岁的于右任结识了40岁的中国同盟会总理孙中山。孙中山本人就是个办报狂人，一生创办了十多种报刊，坚信“革命成功极快的方法，宣传要用九成，武力只可用一成”。他很赏识这位立志办报的年轻举人，于是顺手开了一张大大的“空头支票”：委任于右任为“长江大都督”，负责上海一带的同盟会事务。

宣统元年三月二十六日（1909年5月15日），《民呼日报》创刊，于任社长。

此前，他即有创刊《启事》公告天下：“此报以‘为民请命’

为宗旨，大声疾呼，故曰‘民呼’。”该报问世以后，发表了许多揭露和抨击清王朝黑暗统治的文章，并配以发人深思的漫画，增强了宣传效果。清政府对《民呼日报》和于右任恨之入骨，扬言要挖掉负责人的眼睛，并于1909年8月3日将他拘捕。

于右任在狱中多次表示“报纸不能停刊”。但报馆同人明白“报纸一日不停，讼案一日不了”，他便一日不得出狱。商讨再三，“不得不重违于君之意”，于宣统元年六月二十九日（1909年8月14日）发出《本报特别广告》，声明报馆财产转让。五天以后，《民呼日报》执照被吊销，于右任被判令“逐出租界”。

可是于右任并没有屈服，宣统元年八月二十日（1909年10月3日）又改刊《民吁日报》。他改“呼”为“吁”，少了两点，象征已去双眼。但他顽强地表示，即使双眼被挖，仍要为民吁天。当时，因自己不便公开露面，乃以范光启为社长，但他仍是该报的实际主持人。不久，租界又以该报报道朝鲜爱国

民立报

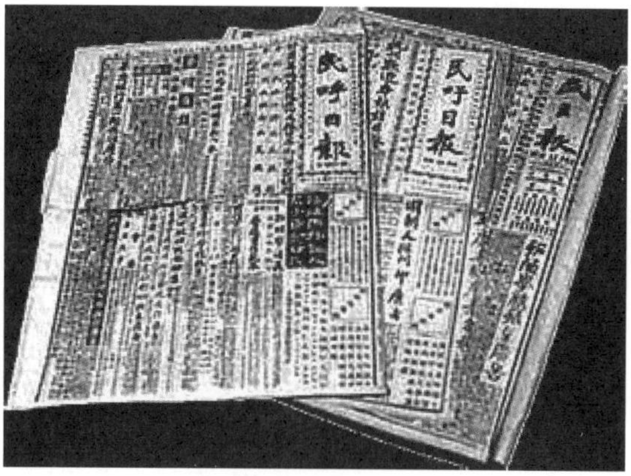

于右任创刊的“三民”报

志士安重根刺杀伊藤博文的文章“有损中日邦交”为借口，再次将其拘捕。不久，清政府又查封了《民吁日报》，并不准报社原来的机器再印刷报纸。

于右任在出狱之后，计划办一张规模更大的报纸。就在经费缺乏的情况下，沈缦云雪中送炭，解决了资金问题。

至于馆址，在英租界的“报业街(望平街，今山东路一带)”办报已经不可能了，近在咫尺的法租界，向来没有人办报纸，不如把馆址设在法租界，利用租界当局之间的矛盾，或许能站住脚。于是，于右任在法租界三茅阁桥附近租下一幢三层楼的洋房，把编辑、印刷和发行三个部门都集中在一起。

杨笃生

范光启

宣统二年九月初九(1910年10月11日)，以于右任为社长的《民立报》问世。《民立报》日出对开4张，内容分论说、批评、记事、杂录、图画5部分。并出《民立画报》，随报附送。发行量一度超过2万份。《民立报》网罗了宋教仁、王无生、景耀月、刘觉民、杨笃生、徐血儿、张季鸾、范光启、谈善吾等一批骨干，人才济济，成为仁人志士荟萃之所、革命党人的联络机构。同盟会会员来往日本、南洋、香港、广州、汉口等地，多以《民立报》为联络中心。

许多革命者以《民立报》记者做掩护，从事革命工作。此时，报馆实际上已经成为同盟会在上海的联络总站。迎送来往人员、交际招待食宿等费用虽开支浩繁，但皆由沈缦云主持的信成银行负担；盟友经济困难、商借旅费等，沈缦云总是有求必应。

金沙周刊

“开国名记者”徐血儿

开国名记者徐血儿

戊申（1908）、己酉（1909）以后，革命同志在上海活动，无论为教育、为宣传，还是四方途经上海者，或多或少都受到沈缦云先生物质上、精神上之鼓励。

于右任以“骚心”为笔名，在《民立报》先后发表300多篇文章，对清王朝的统治进行了猛烈的抨击。这些文章也感动和激励了一代学子。毛泽东曾说：“我在长沙第一次看到的报纸《民立报》，是一份民族革命的日报，这报是于右任先生主编的。”

于右任对《民立报》怀有深厚的情感，他曾写了《民立七哀诗》，怀念亡故的社友杨笃生、王毓仁、范光启、宋教仁、徐血儿、陈其美和出巨款资助报社渡过难关的沈缦云先生。平时，每当人们同于右仁谈起办报的经历，总会勾起他对《民立报》往事的回忆，他对沈缦云慷慨解囊的情怀，大加赞赏。

第三节 参加第二次国会请愿运动

光绪三十二年十一月初一(1906年10月16日),预备立宪公会在上海成立。郑孝胥报告开会宗旨时首先说明,该会根据朝廷预备立宪上谕所称,故定名为“预备立宪公会”。预备立宪公会的主要支持人是岑春煊。

郑孝胥

岑春煊(1861—1933),字云阶,广西西林人,清末民初中国政治家。光绪二十六年(1900),八国联军进犯京津地区,岑春煊率兵“勤王”有功,成为清末重臣,与袁世凯势力抗衡,史称“南岑北袁”。

岑春煊

预备立宪公会成立以后,在全国开展了国会的请愿活动,试图通过召开国会、建立责任内阁,对清政府进行政治制约。它的成立,充分反映了江浙资产阶级开始崛起,同时也反映了上海正在迅速成为与北京遥遥对峙的革新势力的中心,从而大大增强了立宪派对它的幻想,广东、江浙、安徽、直隶、山东、吉林等地的绅商代表于是纷纷呼吁召开国会。

预备立宪公会旗

据《辛亥革命江浙史料选辑》第223页记载，预备立宪公会约有一半会员曾投资近代企业，所以它对通过立宪维护工商者的合法权利特别关心。其主要活动还是侧重在政治方面，它在筹建咨议局与国会请愿活动中都发挥了重要作用。

江苏省咨议局与其他各省咨议局相继成立以后，在一系列政治斗争中彼此加强了联系，所以又有各省咨议局联合会成立。

江苏咨议局的斗争绝不是孤立的，张謇和其他立宪派议

江苏咨议局大楼(旧址)

孟森

孙洪伊

员已经很善于运用社会舆论的力量。当时，上海影响较大的报刊《申报》、《时报》、《民立报》、《东方杂志》等都站在江苏咨议局一边。

1909年5月，孟森当选为江苏省咨议局议员。其所著《各省咨议局章程笺释》中有云："以议院为国家立法机关，以政府为国家行政机关，以法院为国家司法机关，三权分立，而君主独揽之。"其中，孟森对君主立宪政体之主张十分明确。同年秋，他被派往奉天（今辽宁省）、吉林、黑龙江、直隶、山东各省考察宪政，希望能联合各省咨议局，共同发起请愿运动，上奏清廷，请求速开国会成立立宪政府。孙洪伊等被推举为代表赴会。

孙洪伊（1870—1936），字伯兰，直隶天津人。1900年，八国联军入侵天津，北仓一带遭洗劫，孙之家产被毁，孙洪伊之弟孙仲华被法国侵略军击伤不治而死。经此浩劫，孙洪伊深感清政府腐败已达极点，必须进行政治改革，首先需要启发民智，创办学校，培养造就改革的人才。他先后被选为试办县议会议员，翌年9月被选为直隶省咨议局议员。以合法的政治身份，分函各省咨议局各派出代表三至四人，成立全国咨议局联合会。先由江苏咨议局约请，在上海集会，孙洪伊当选为领衔代表。

上海总商会旧址

宣统元年十二月初六(1910年1月16日)，请愿国会代表团33人向都察院呈递请愿书，要求一年内召开国会。清政府以“筹备既未完全，国民知识程度又未画一”为理由，予以拒绝。第一次请愿失败。沈缦云虽然没有参加，但他通过友人的电话，随时了解到国会请愿活动的进程。消息很快就传到了上海。当时，正在等待请愿讯息的沈缦云，从友人的电话中得知结果以后，深感惊异。原先，他对清廷还抱有幻想：希望朝廷能接受请愿，哪怕只是其中的一部分，也可用来按抚民心，可如今……他越想越不明白，那些当权者为什么要违背民意！

随后，他乘车赶到周舜卿的寓所，想向他一吐心声。周舜卿知道他的来意，两人刚心照不宣地在大厅坐定，沈缦云就气呼呼地说：“请愿失败了，老百姓这么一点点要求，也被拒绝了！”周舜卿也忿忿不平地说：“向朝廷递交的请愿书，我

上海城厢内外自治公所

亲自参加过审议。向朝廷提出的请求，并不过分。如此发展下去，清廷的大厦将倾矣！”

两人唏嘘了一会以后，又发表了对当前正在推动的第二次请愿的看法，都表示了强烈的支持态度——将利用自己在社会上的影响，呼吁上海的工商界，有钱出钱，有力出力，为第二次国会请愿做出贡献。

1910年2月6日，江苏咨议局作为国会请愿运动的发起单位，在张謇主持下开会，再次做出速开国会的决议。4月上旬，各省政团、商会、学会及华侨商会等分别推举代表，陆续到达北京，联合各省咨议局代表，共同发起第二次国会请愿运动。他们以原咨议局代表为基础，重新组成其他各界代表参加的国会请愿代表团，并推举孙洪伊等10人为领衔代表，范围显然较前有所扩大。

1910年4月中旬，上海总商会（号称“中国第一个商会”。它是中国最早成立的商会团体，最初名为“上海商业会议公所”)发出联合海内外华商请愿国会公告书，指出商界人数之多，实力之强，足以成为推动政府改革的重要力量。工商界人士要摒弃在商言商的传统习惯，以不问国事为耻。公告书要求工商界以海内外联合的力量，投入到国会请愿运动当中，并成为各界强有力的经济后盾。目的是要齐人心、兴实业、足财用、张国势。

清末时的天津

1910年5月18日，上海商务总会(清光绪二十八年正月，由商务大臣盛宣怀奏准成立的上海商业会议公所，总理严信厚，为中国第一个全市性商会)会同沪南商务分会、松江商务分会联合召开会议，共同推举身兼上海商务总会议董、沪南商务分会议董的信成银行协理沈缦云为国会请愿代表。

沈缦云被推举为国会请愿代表前一年，已经由陈其美、于右任介绍，加入了同盟会。

盛宣怀

陈其美(1878—1916)，字英士，浙江吴兴人。陈其美在日本留学期间，吸收了孙中山的反清共和的革命思想，并把刺杀五大臣身死的吴

陈其美

樾作为偶像："使吴君而在，执鞭所欣慕。"1906年冬，陈其美加入了设在东京的同盟会。他立志追随孙中山，坚持以暴力之革命手段推翻清政府。在日留学期间，陈其美还结识了两个浙江老乡：蒋志清和黄郛。由于意气相投，三人结拜为兄弟。陈其美对小弟蒋志清颇为照顾，不但推荐他入了同盟会，还送给他一本邹容的《革命军》，以激励他的革命斗志。

沈缦云受陈其美的影响，非常同情革命，并曾多次秘密地帮助革命党人进行活动。但是，他并没有像其他的革命党人那样把倾覆清廷、缔造民国当作奋斗目标，而如同其他民族资本家一样，在形势尚未发展到非使用暴力革命之时，把国家安危系于政治议会。辛亥革命前的沈缦云，总是力求通过和平的、不流血的途径实现政治改良。所以，他成了上海商界国会请愿代表的合适人选。

商会在号召海内外华商参与国会请愿活动时，即特别强调："今天下之祸变亟矣，内忧外患，纷至沓来。国事日非，人心瓦解。商等思维再四，知非国会，无以挽救危亡之局而即于安。"敦促清廷速开国会以实行宪政，又成了工商界致力于救亡图存的一项具体措施。而在近代中国半殖民地的特殊历史条件下，救亡图存的民族运动，也是近代化的重要内容。

第二次请愿代表合影

为了聚集更多的力量，加入到请愿活动中来，沈缦云即约请苏州的请愿代表杭祖良（字小轩）来沪商谈，并由两人代表上海、苏州商务总会起草请速开国会书。

出发之前，上海各界为沈缦云设帐饯行。上海城厢内外自治公所议事、董事两会齐集欢送沈缦云。据说当时上海工商界送别沈缦云时，约有千人，“国会万岁”不绝于口，可见上海各界对迅速召开国会的迫切心情和对沈缦云此行倚托之重、期望之殷。

沈缦云一行所到之处，受到当地各界的热烈关注。《天津大公报》对沈缦云北上请愿一事，连日刊载了有关的消息。到达天津以后，沈缦云等人受到了天津商务总会的热烈欢迎，并在大会被邀请上台演说。沈缦云首先把清政府对于商人等若弃髦，与欧美各国商人充当国会议员，获得爵赏的情形做了对比，继而列陈国内商业不振已达极点的现

中華
國民公報

1910年6月，孙洪伊等人在北京创办《国民公报》

状，指出："若希望商业发达，国家富足，非我国商民请愿速开国会不可。如再不允，则由全国结合团体，不尽税厘义务，借以要求国会速开。"会上，沈缦云还全文宣读了自己准备呈递的请愿书。在场的天津众商无不鼓掌欢呼，极一时之盛。

当时，天津商务总会对是否参加国会请愿活动一事尚存顾虑，沈缦云的演说，使天津各界消除了疑虑，统一了

声势浩大的国会请愿运动

步调,从而壮大了国会请愿队伍。

沈缦云到了北京以后,与先期到达的直隶咨议局议员孙洪伊领衔代表的国会请愿同志会会合。宣统二年五月(1910年6月),第二次国会请愿运动正式开始。10个团体代表汇聚北京。除领衔代表直隶咨议议员孙洪伊外,有直隶商会代表沈缦云,苏州及上海商会代表杭祖良,南洋雪兰峨,二十六埠中华商会代表陆乃翔,直省教育会代表雷奋,江苏教育总会代表姚文枬,直省政治团体代表余德元,直省绅民及旗籍代表李文生、文耀,东三省绅民代表乔占九。各省入京请愿代表150余人,在请愿书上签名的号称有30余万人。

1910年6月16日,代表们打破地域和职业的界限,以全国各社会团体的名义向督察院递呈十份请愿书,其中,沈缦云在三份请愿书上列名。一是以商会代表的身份列名于请愿国会代表合上政府书;二是以各省商会国会请愿代表的身份联合呈请代奏书;三是以上海商务总会代表的身份,会同苏州商务总会代表杭祖良递呈的请速开国会书。

第一份请愿书着重就当时国势的危殆形势,陈述了不开国会之害,指出:"中国今日之国势,其忧患危迫可谓急矣。政府葬乱于上,士民怨言于下,各国协商协约于外,以国内之梦乱怨言言之,则无时无事不可以亡国。"以各国之协商言之,则无时无事不可以亡国,而亡国的总因,就是在于国家政体不定,即不能确立君主立宪制,而国会者又为宪法上最重要之机关,故必须召开国会,并对清政府提出忠告:即使马上召开国会，尚恐不能救亡，则人心一散，大难必作，就难免忍受玉石俱焚之惨痛。

第二份各省商会国会请愿书，着重就工商界切身感受到的社会经济的祸害，申述请速开国会以图挽救的理由，请愿书从四个方面力陈无国会之害，认为这四害于商等有切身之灾，恐他人言之，不如商等言之之亲切。这四个方面分别是：从银行看商人命悬于国会；从商业政策看商人命悬于国会；从税法得失看商人命悬于国会；从华洋贸易看商人命悬于国会。最后，请愿书辛辣地指出："国会为商人命脉之所系，即国家命脉之所系乎!所以，为今之计，欲结团体固民气，非速开国会不可，虽国会开而吾民负担更重亦所不辞。且洋货之输入，惟国会能议加税以抵制之；外人之要求，惟国会恃民力以抵御之，中国转弱为强，转危为安，在此一举。"

庆亲王府

第三份请愿书是由沈缦云、杭祖良两人直接代表上海、苏州商务总会所上的请速开国会书，一开头即说明国会召开与工商业发展有着密切的关系："洋货之输入，惟国会能设法以抵制；外人之要求，惟国会能侍民气以抵御之……国会不开，商困莫挽，则商情之淡、商业之衰，必视前此有一落千丈之势。"请愿书又从近数年显现的经济崩溃的种种征兆进行剖析，企图唤醒处于麻木不仁状态的清政府及早自图救亡良策，速开国会。

请愿书中对近两年内上海、汉口和江浙等地区钱业恐慌、工商企业倒闭频仍、市面衰败几不可收拾的情形做了一个说明，指出："其病皆在于金融，其源皆起于税法，而金融弊病和税法混乱的原因就在于没有国会。欧美国家有国会，故一跃进文明，我国惟不如此，故日就衰败。"并警告清政府："国会不开，商困莫挽，追敲剥不已，势不至驱中国之商家尽挂洋旗，中国之人尽入洋籍不止。所以九年筹备，人不我待也。"从中我们可以看出沈缦云对召开国会抱有殷切的希望。

那时，沈缦云以上海商务总会请愿代表的身份，获得与首席军机大臣奕劻对话的机会。在此之前，沈缦云先谒见了另一位军机大臣。谒见时，沈缦云痛陈当时商界困难情形时，慷慨激昂地说："商力疲则国势弱，征税轻重不平则商民避重就轻而涣散，挂洋旗，入洋籍，日见其多，则国未灭而种先亡。"语语沉重，句句真实。说到民众一致请求尽快开国会时，声益高，气益盛。问："九年筹备，已届三年，曷勿静待？"答："各省督抚，大半因循蒙蔽，恐九十年亦难如期筹备。"问：

"易勿监督督促?"答:"小民无权。"问:"不有咨议局乎?"答:"政柄不属。"问:"国民之程度如何?"答:"国民程度未到,是反对宪政之口头禅,实则立宪国之国民,亦未尽有国民之程度,不能以少数概视多数也。"

接着,沈缦云去拜访庆亲王奕劻。奕劻是晚清政坛上有权势的人物,八国联军侵入北京,他奉命与各国议和,签订屈辱的《辛丑条约》。总理各国事务衙门改为外务部,他出任总理。新政时期,他先后担任督办政务大臣。《钦定宪法大纲》颁布后,出任内阁总理。此人贪鄙昏庸、结党营私,政声极坏。

庆王府坐落在北京西城区定阜街3号,原是权臣和珅的府邸。和珅被诛,这个宅子赐给了第一代庆亲王。待到奕劻手中,更是大兴土木,广修楼宇,把庆王府装饰得花团锦簇,犹如人间仙境。奕劻是在宜春堂澹泊斋接见沈缦云的,在座的还有督办大臣端方。

庆亲王一见沈缦云,保养得很好的脸上却起着疙瘩,问:"你是为请开国会而来吗?"沈缦云小心翼翼地沉着应答:"是的。"庆亲王是个十分守旧的官僚,他能答应民众的强烈要求吗?显然是不可能的,因而他不屑一顾地说:"谈何容易?日本是经过二十年的周折,方才实行立宪。难道我国国民的觉悟程度,比日本的还要高吗?"沈缦云据理力争:"当年日本对立宪的利害得失还不能肯定,所以纷争考量,有所迟缓。如今我国已经看到日本立宪的成果,有利无害,为什么还要拖延迟疑呢？既有九年筹备之明诏，何不缩短期限，以慰天下人民之望？”庆亲王却顽固地说：“你们难道没有看见各国立宪的历史无不布满曲折艰辛？岂能是由你等陈说请愿一番，就大事告成的？”沈缦云振振有词地回答：“如果能够不经革命，不经流血而召开国会、实行立宪，那么是万民之所幸，亦正可见我国之文明。”庆亲王见无法说服对方，只得把朝廷抬出来：“国会能否从速召开，朝廷自有权衡定夺，不会为所谓人民吁请所左右。”沈缦云虽然已经看清了朝廷伪善的面目，但仍不甘心，还想做最后的争取。他稍微平静了一下内心的激愤，然后回答：“各国的立宪，无不是由人民的吁请而得来的。”庆亲王一听，脸色一变，断然道：“这种风气，不可效仿，不可助长！”说完，不容沈缦云继续答辩，举杯示送，不再奉陪。

第四节　与清廷决裂，决心投身革命

随后，沈缦云会同孙洪伊等其他国会请愿代表，向载沣递呈了一份《上摄政王书》。他们在这份请愿书中对清政府实行的新政进行了猛烈的抨击，认为“当今列强之国皆有一日千里之势，而吾国至今犹在纷纭梦扰中，庶政孔多而财政奇细，官僚充斥而无责任人，非不日言筹备也，而局处衙门而号称新政者，率皆东涂西抹，举一遗万，而其间犹复新旧杂糅，有举无废”。认为要从根本上解决，即速开国会，实行宪政。

摄政王府

清末摄政王载沣，右侧是溥仪

载沣在接到请愿书以后十分反感，不久宣布，把原定九年召开国会的期限提前到了三年，并称：“一经宣布，万不能再议更张。”同时下令驱散请愿代表，要他们即日散归，以安职业，并蛮横地把正在酝酿的第三次请愿扼杀在摇篮中，充分暴露出他的伪善面目。

至此，清政府预备立宪的真面目昭然若揭。沈缦云对此极为失望，他意识到清政府的预备立宪只是为了拖延时间，欺骗人民，借以抵制革命，稳固自身统治。他仰天叹道："锅里的水就要开了，鱼却还不知道。天意难回，人事宜尽，某不复再谒相国之门，请自此辞。"

当时，他已经清楚地认识到：中国的前途舍革命而无他法。请愿活动结束以后，在高涨的革命形势和革命党人的影响之下，沈缦云决心投身到革命的大洪流当中去!

于是，他利用信成银行的便利，秘密地为同盟会筹集活动经费。沈子高在回忆父亲沈缦云时，曾经这样写道：他利用上海信成银行接受欧美侨胞汇款接济同盟会，收款人都用孙中山或沈缦云的化名，为数可观。革命经费是进行革命活动不可或缺的前提，沈缦云不但为革命活动筹措经费提供便利，更为甚者，他直接为革命活动提供经费。同盟会在上海以及长江流域策划的许多革命活动，就是以沈缦云主持之上海信成银行为掩护，实则是筹措经费，支援革命之命脉。至民国初年，上海信成银行为革命活动费用前后所垫款项达数十万之巨（在后面将对此做详细的记述）。

当时，组织上要他通过各种渠道，去国外购买军火。沈缦云欣然同意，一力承担。那时，他的胞兄张祥和已学成回国，被上海德商瑞记洋行聘为在华军装部经理。于是，沈缦云以信成银行行长名义代为出立1万两银子的保单，并通过祥和与该行德籍总经理密商，从而为同盟会购买了1万两银子的武器（枪3000支、子弹50万发），以接济长江一带武装革命起义。然而，这批军火在运抵香港时，被当局发现了。几经交涉，也没有用。为了弥补损失，沈缦云又凭自己的威望，用各种形式，积极筹款。信成银行一度成为“革命小金库”。

王一亭

王一亭画作

在沈缦云的影响下，王一亭、叶惠钧等人都加入了同盟会。王一亭（1867—1938），名震，号白龙山人，浙江吴兴人，画家。早年曾任商务买办。叶惠钧（1862—1932），初名增铭，高行镇人。在沪重视商业，曾反对政府腐败，以善于演说著称。二人均是沈缦云在商业上的至交。

1911年1月1日，马相伯为了复旦公学，力谋发展，扩充校舍，乃筹办中国精武体操学校校董会，又与于右任等联名致书聘任沈缦云为该校校董，并借沪南新舞台开会，到者千余人。马相伯与沈缦云都应会长农竹（劲荪）、副会长蔡钟骏之邀登台演说。其时，该校在《民立报》登载广告如下："本校自霍元甲先生组立以来，诸同学讲述武术，日昃不遑，开校至今，成绩粗著。特于十二月初一星期日，假座新舞台开会活动，恭请演说名家马相伯先生、沈缦云先生演说。自午正十二时起下午五时止，并由舞台各艺员助演好戏，作开幕之纪念，振尚武之精神……"

这个农劲荪本名农竹，字劲荪。自幼熟读诗书，后赴日本留学，受孙中山先生影响萌生了爱国、爱民思想，加入了同盟会。农劲荪奉先生之命回国后，为了支持革命活动，在天津北门外竹竿巷开设了怀庆药栈，以采购药材为掩护走南闯北，结识武林英豪。所以当他获悉天津本地有个霍元甲武功高强时，便迫不及待地找上门去。

20世纪初的上海，已经是一个相当开放的城市，有不少外国大力士在上海进行各式各样的表演。来自英国的大力士奥皮音正是其中一个。有一天，他在北四川路52号阿波罗影戏院表演举重健美演出时，居然口出狂言，蔑称华人为"东亚病夫"，要与华人较量！这一消息登上报纸传开后，引起了农劲荪与陈其美、沈缦云等人的极大义

农劲荪

霍元甲

愤。农劲荪马上提议，邀请他的好友霍元甲与奥皮音比试，打击洋人的嚣张气焰。

不久，霍元甲应邀从天津风尘仆仆来到上海，相约与奥皮音比武，并和他立下了生死状。但是，奥皮音爽约了。

奥皮音居然不敢应战，两次借故逃遁。霍元甲未动一拳一脚不战而胜的事迹一时轰动全上海。此举也极大地激励了革命党人。

那时，英、俄加紧侵略我国边境，民族危机日甚，同盟会决定指派沈缦云、叶惠钧等人组织反清武装力量。陈其美、农劲荪等人考虑到武装起义、推翻帝制、建立共和，需要大批军事人才，便顺势提出："希望十年内训练出千万名既有强健体魄，又有军事技能的青年，以适应大规模革命运动和改良军事的需要。"为实现这个体育救国的理念，他们与霍元甲商议后，打算一起创办一个组织，以提高国人体魄。

1911年3月11日，中国保界分会在张园安垲第召开成立大会，沈缦云与宋教仁、叶惠钧先生等2000多人参加。会上，马相伯报告滇边情况，并说："吾人欲成于世，须以土地为根据。现在风云日紧，非群策群力不可。"沈缦云即席演说："前保矿会、保路会等都无实力，以致未能收效。此次应准备实力，庶几收获巨效。”张竹君演说：“余愿为战时看妇矣。而民兵之未有，将谁而看护，此最痛心之事，愿须眉男子三思之。”上述演说，激起与会者强烈的爱国热情。

3月12日下午，南北商会在斜桥西园召开特别大会，到会男女数千人。沈缦云宣布：“拟先成立全国商团联合会，由上海发函各处，劝导组织商团会，俟各处商团成立，再行组织义勇队，以达到自为兵之目的。”

4月8日，全国商团联合会在沪南新舞台召开成立大会，李平书被推选为会长，沈缦云、叶惠钧被推选为副会长，会员有5000之众，参加军事操练，为上海起义做准备。

4月9日，全国商团联合会假座沪南新舞台召开欢迎新会友大会。沈缦云主持大会。马相伯做有关“破除迷信”的演说。沈缦云十分赞同，并表示：“破除迷信，才能自保自强。”

4月中旬，中国学界联合会在上海成立，留日学生傅梦豪、蒋洗凡、肖德明、黄嘉梁到上海活动。傅、蒋、肖、黄四人均为中国同盟会会员。其中傅和蒋肩负着联合上海绅商、在上海创建中国国民总会的使命。

蒋洗凡

4月26日，傅梦豪等四人邀请了沈缦云、沈仲礼、王一亭等人在法租界召开会议，宣传革命思想。会上，沈缦云做了发言，宣传

沈仲礼

了国民的职责，他说："人都言中国之不强罪在政府，吾则谓罪不在政府而在国民。假如国民能自强而又何虑政府之不良？诸君热心国事，不胜感激。务请内存诚实之气，外用平和之手段，方可得效也。"他认为："国民会所持宗旨为提倡尚武精神，与鄙见甚合。鄙人年来办理商团，略收成效，入团者人人有国民资格，小足以保乡里，大足以卫国家。倘各省如是，中国何患不强。"留日学生发言，对中国国民总会成立的目的和筹建的方法做了说明："国民会唯一之目的在于救国，国为大家共有，则救国之道须大家努力。感谢来宾厚意，且甚愿意联合各界组成一大团体作总机关，以激发全国。"

经过沈缦云等地方革命人士和留日学生的共同努力，5月7日，由上海日报联合会、全国商团联合会、全国学界联合会、旅沪福建学生会、中国精武体操会、嘉定旅沪同乡会、湖北旅沪同乡会、贵旅沪同乡会、江西旅沪同乡会、四川旅沪同乡会十团体倡议，于上海张园召开了欢迎中国国民会议代表的大会。参加大会的有2000余人，在沪的西报记者与译员到会记事，捕房西探、华探来会旁听。大会推举沈仲礼主持，沈缦云做了鼓动发言："人孰无妻子，孰无资财产业，而至不能自保之时希望他人代保。不知代吾自保者即欲夺吾之所保者，反不如自求保护之法。其法维何？义勇之气也，国民会即义勇之发端。鄙人窃愿意代表今日之全体，诚求国民会议代表傅、蒋二君努力自爱，督促进行，须知一发千钧之人全在二君也。”另外，留日学生代表做了主题发言，认为：“全国团体总机关之设，为我人不可刻缓之行动也。”强调建立全国性机关之必要性。大会最后决定：待报名人数超过500人时，就召开国民总会成立大会。

为给要加入国民总会的人提供方便，众人决定开设事务所，并决定了事务所临时干事，即会长沈仲礼、副会长沈缦云、坐办叶惠钧。此后，由于报名入会者十分踊跃，遂决定6月11日召开大会，成立中国国民总会。

6月11日，中国国民总会在张园召开成立大会，据上海《申报》6日报道，是日，陆续到会者不下五千人，楼上楼下，座之为满。翌日《申报》报道：“与会者近四千人，后至骄肩侧立，极一时之盛。会员均坐楼下，未入会者列坐楼上。”沈缦云因病而未能参加这次大会。傅梦豪做了关于中国国民总会报告之后，会议当场进行了中国国民总会正副会长及坐办的选举。据叶惠钧报告，是日向会员发出选票359张，经过当场揭检，沈缦云得票240张，叶惠钧得票221张，马相伯得票1张。经过众议，当选名单如下：会长，沈缦云；副会长，马相伯；坐办，叶惠钧。同时当选的还有39名职员。在沈缦云的安排下，39名职员当中，有朱少屏、陈英士等12名同盟会会员，这样中国国民总会就成了一个以中国同盟会会员为基础的革命团体。

它的身份合法,可以团结当时社会各界更多的进步力量,发挥其积极作用。中国国民总会成立以后,积极在各地开展活动。总会机关原设于上海汉口路琅嬛里,光复后迁至白克路。

6月17日,在沈缦云的主持之下,国民总会在法租界朱家桥事务所召开了全体职员大会,议决通过了提倡组建国民分会,议决创建模范体操团。建议国民会在报刊上登出了征求模范体操团的通告,称:“本会创建模范体操团,定额百名。凡会员年在十七岁上无疾病者,皆可报名。”

6月26日,中国国民会还布告全国:“时局日棘,国亡无日。欲图挽救,舍实行尚武外,厥道无由。同人等竞竞于此,故有国民会之组织,以提倡尚武、兴办团练、实行国民应尽义务为宗旨。数月以来,竭蹶营先,设总会于上海,基础渐立。十五日开大会,人心踊跃,可见爱国热诚人所同具,自当力谋实践,为天下之先道路,补陆路之不足,尤望同志于各省,各埠,各府州县速行设立分会,协力进行,全国一致,万众一心,小可保身,大可卫国家,存亡关键在此一举。凡我国民,其速奋兴。”

8月13日,中国国民总会创办的模范体操团在精武体操会内举行开操仪式,沈缦云亲自出席,由叶惠钧代沈缦云致辞:“模范体操团是国民会实行的第一个举措,从此以后,每个团员都需具备军人的资格,也就是说人人都要成为国民的模范。我愿与诸君一起为此而努力。”

8月20日，沈缦云主持召开了全体职员会议，并通过了一些议案。模范体操团成立以后，沈缦云带头参加训练，实行军训。他经常步行到操场，脱去长袍，持枪操练，一丝不苟。在沈缦云的带领和推动之下，在国民总会的精心组织和训练之下，模范体操团成员受到了革命思想的熏陶及较正规的尚武思想和军事训练。上海光复时，不少模范体操团的成员曾投入到战斗之中，为上海光复出了大力。

1912年8月，在北京安庆会馆联合数个小型政党组成中国国民党。

同年12月2日，国民党上海分部成立，王一亭、沈缦云分任正副部长。沈缦云集国民总会领导者与国民党上海分部负责人于一身。很快国民总会与国民党合并一事就提上了日程。

12月3日，国民总会在《民立报》上发布通告："从戎执战之士，以本会员居其多数，其后会员分散各省，或在政界或在军旅，为国民效力，而总会事务所，昔日为运动之机关者，今乃无所事事之。本会分子原系同盟会会员居多，同盟会已与三教会党改组国民党，本会自应一并加入。又得于君右任之介绍，业得国民党孙中山先生及上海交通部全体职员之同意，于本月二十一日两会各举代表开谈话会，决议合并。"通告人署名为中国国民总会会长沈缦云等。

不久，国民党上海分部交通部在《民立报》、《申报》等报纸上刊登了国民党恳亲大会的公告，并称："兹因欢迎国民总会、工业建设会加入本党,并邀集本党近日到沪各重要人物商榷进行政策,实则匡扶政府、利导国民之事业,定于明年1月10日午后二时,假南市新舞台召开恳亲大会。凡我同人,统希联翩决至,至盼。”

1913年1月10日,恳亲大会召开。孙中山亲自出席并发表了热情洋溢的讲话。沈缦云代表国民总会报告了并入国民党的理由,并对并党后两会会员提出了殷切的希望。在沈缦云的带领下,中国国民总会以并入国民党而最终画上了圆满的句号。

中国国民总会从发起、组织并最终并入国民党,历时两年,它作为同盟会的外围组织,在上海光复以及民国初年上海军政府与南京国民政府中,都起着举足轻重的作用。沈缦云作为中国国民总会的会长,积极活动并组织建立了大批的分会和一部分的革命武装,领导这些力量积极地支持革命。沈缦云和他所领导的中国国民总会建立了丰功伟绩。

第四章

"上海光复"中的沈缦云

第一节　光复上海立主功

1911年10月10日(以下沿用公历)武昌首义,如一场大地震强烈地撼动着神州大地。13日清晨,上海那条狭窄的报业一条街——望平街,人山人海,万头攒动。报贩们聚集在上海各报馆门口,还有大批的市民也来探听消息。《民立报》迅速发布革命胜利的消息,报道各地起兵响应的情况。民立报馆从而成了公开的革命机关,每天各方人士往来不息。方敏伯在《上海工商界在上海光复前后的动态》中说:当时上海各报馆均设于望平街一带,每晚出号外,报道当天消息,并在报馆门口张贴。市民群众每日聚集在报馆门外,探听消息,人山人海,万头攒动。见有民军胜利消息,都拍手欢呼;见有失利消息,则认为报馆采访有误,群情愤激,甚至将报馆的玻璃窗打碎。后来,报馆方面停止在门口张贴军事消息,仅印发号外数种,市民踊跃争购,每日供

辛亥鼎革之际的上海街头

不应求，片刻即罄，可见当时人心所向。

因武昌战事，上海社会秩序出现一阵混乱。《民立报》1911年10月22日报道：当时，“挤兑现洋，抢购金银。有人向家乡跑，有人向租界跑。搬搬搬，跑跑跑，各各皆往家乡跑。更有一般人，云何城里衙门多，不知夷场好。闹得租界上，房租步步高……请看长江轮船一到，扶老携幼，拖男带女，来沪避难之人居多数。再看大小名栈房，满洲旅客何其多。若辈岂肯自来报阎罗，可知上海实为安乐窝”。

宣统三年的上海道台衙门

鉴于当前形势，上海道台刘燕冀、上海知县田宝荣加强了防范。他们分别照会公共租界与法租界，要求选派探捕，在各轮船码头严密搜查，防止革命党运送枪械军火。刘燕冀又发出安民告示，声称：湖北兵变，不日便会平定。其他各省各埠，均安静如常，大家不要听信谣言。

但是，武昌起义就像动员令，将各种反清力量都动员起来了。上海有三支力量都在积极行动：一是以陈其美为代表的同盟会；二是以李燮和为代表的光复会；三是以李平书为代表的地方实力派。此时的上海革命党人满腔热血，尤其是同盟会在上海的头领——蒋介石的赤膊兄弟陈其美。

这时的陈其美恨不得第二天早晨也让上海换了人间，可惜革命党人仅十几个人、七八条枪，哪是清政府的对手？因此，陈其美想到了上海滩另一种力量，那就是上海的绅商。他们有枪、有人，还有钱，毕竟上海是个商业城市。不过，绅商们期望大清立宪，期望自己的利益不受革命影响。绅商们是不容易激动起来跟着革命党人喊“造反”的。陈其美知道，其中的关键人物就是李书平。

20世纪的上海是民族资本主义最发达的地区，上海民族资本家的力量极其强大。光绪三十年(1904)，足以号召全国商界的上海商务总会成立。1905年，李平书“见清廷大势岌岌，不复可有为”，“力与邑人创行地方自治”。为维持地方秩序，仿效虞洽卿在租界内建立的万国商团中华队，李平书等组建了“南市商团公会”。1910年，上海城乡自治公所成立，它也是管理地方的准政府机构。1911年初，商团组织遍布南

20世纪初的上海外滩

市、闸北各行各业，甚至伶业（演艺界）。经沈缦云提议，4月8日，全国商团联合会成立。

李平书

这个商团的武装组织是上海资本家自己独立掌握的武装。所以，要想取得革命的胜利，同盟会与上海民族资本家结盟成了必然，而当时唯一有着革命背景和商界领袖身份的人就是沈缦云，沟通上海商界和革命党的重任便责无旁贷地落在了沈缦云身上。上海商团是革命党人准备上海起义中所必须争取到的一支武装力量。当时有利的条件是沈缦云已经担任了商团的副会长，而商团的会长李平书和沈缦云又相交莫逆，并有一定的民主思想基础。

但是，要在上海起义中调动商团的力量，就必须取得李平书的支持。同时，李平书又是上海城厢内外自治公所的总董、沪南商务分会的议董，在绅商两界享有较高的声望，并掌握着地方自治权利。因此，他对起义态度的向背对起义的成败有举足轻重的作用。

1911年10月24日，陈其美为了争取李平书所掌握的自治公所，及其掌握的武装团体——上海商团站到革命的一边，在《民立报》馆召集沈缦云、宋教仁、黄兴、范鸿仙、叶惠钧、叶楚伦等人开会。即席决议“联络商团，沟通士绅”，这是一个极其重要的战略转变。

辛亥革命之前，李平书在上海城厢自治公所等处，经常邀集各界人士，议论反清之事。武昌起义以后，李平书的政治态度明显转变，由鼓吹立宪、请愿，变成赞成革命。他与上海城厢自治公所及商团领袖们密商：“佥谓时势至此，不能守关门主义，当审察情势，以为进止。”

也就在这天，沈缦云上门对李平书进行试探性的访问。事后，李平书在《李平书传·自叙》中这样记载道：武昌起义，沪上一日数电，闻者都欢欣鼓舞，唯有缦云对时局的发展暗暗担忧。一天，他对李平书说：“刚才我接到一个朋友打来的电话，诉说汉阳有难保之趋势。万一失守，武昌就很危急。倘若这次失败，我汉人还有什么脸面站在世人面前？”在说话过程中，沈缦云多次唏嘘不已，流露出对局势发展的担心。于是，李平书安慰地说：“某亦知报纸捷电之不可尽信，盖筹之熟矣！此次非东南急起响应，无以救武汉之危。”说到这里，缦云跃然起曰：“先生也有这个想法？日前，沪上党人正在谋划此举，都称非先生赞同不可。今欲向先生介绍一个同志，你可以与他一见吗？”说着，就把陈其美介绍给李平书。“可。”李平书爽快地答应了。因事关重大，李平书随后召集自治公所和商团其他负责人沈恩

沈恩孚

乎、吴馨一、莫锡纶等骨干进行密商。大家都认为"世界潮流，全国趋势，宜专以地方自治为重"，柬谓时事至此，不能守闭观之主义，当审查情势，以为进止。之后，约陈其美在程度路贞吉里李平书寓所相见。

武昌起义后，上海市民在望平街报馆前等候消息

宣统三年九月初八日(1911年10月29日)，李平书与陈其美如约相见。李平书见陈其美是一位"恂恂儒者，咸出意外"。虽说不能以貌取人，但第一印象毕竟还是会在实际生活中发生作用。或许，革命党人在李平书的想象中，与红眉毛绿眼睛的江洋大盗没有区别，陈其美的相貌，为他们第一次合作增添了若干有利的因素。李平书的族侄李英石(显谟)也有相似经历。1912年8月5日，《民立报》载道："岁忆甲辰(1904)，谟学于金陵将备学堂。六月某日，入师室，见客衣冠朴陋，目并注类儽然塾师者在焉。叩之，则英士陈君也。"七年前，陈其美还是商店的小伙计，七年后相貌没变，他已经是革命党的重要领导人了。

陈、李会面，实现了革命党与立宪派的联合，初步打算在南京先行起事，上海随后行动。

立宪派，准确地说是上海绅商，还是有所保留的。在这次会见中，李平书告以保民宗旨，彼时随时协商，互相尊重主

上海商团公会会所、上海起义时的商团司令部

义，避免侵犯。

说这番话，自有底气。李平书手中至少有三支可供调度的队伍：四百余人的警察，至少可以维持城厢社会秩序；救火联合会下属的救火会，人数更多；更为重要的一支，是商团公会的基本队、预备队共两千余人，枪数百支。此外，还有各业自组商团20多个，总数不下6000人。同盟会之所以想要“联络商团，沟通士绅”，无非是因为士绅手中有这些力量。长远考虑，这些组织起来的市民，连同他们的家庭，就是起义后建立新政权的群众基础。上海绅商是当时中国最富有的一群人，新政权的财力还得靠他们的支持。

至此，在沈缦云的不断努力和推动之下，以李平书为首的上海资产阶级势力完全倒向了革命一方，他们所掌握的武装组织上海商团就成了一支革命武装。沈缦云帮助陈其美把李平书和他的左右争取过来赞助革命以后，上海商团和自治公所属下的督察，就从清政府维持地方治安的补充力量，转变为上海起义中反清武装的一部分。

由于沈缦云的牵线，李平书转向了革命，与沈缦云一道成了领导起义的核心人物。

沈恩孚、吴馨一、莫锡纶及自治公所议员王引才、警务长穆湘瑶也都站到了革命一边。加上已经加入同盟会的叶惠钧、王一亭、虞洽卿、李征五等。这样,上海城厢自治公所、上海商团、上海救火联合会的主要领导人,由“立宪”转向了革命。李平书便召集各救火会会长,在信成银行开会统一思想,支持革命军行动。救火联合会会所和警钟楼成为组织、领导上海光复的一个重要据点。城厢自治公所及各行业商团领导都是著名商人。他们为革命党人提供秘密活动场所,资助活动经费。虞洽卿还为起义军代办军械,李征五还组建了一支光复军。

自此以后,每晚集议,沈(缦云)、吴(馨一,自治公所副所长)、莫(锡纶,自治公所驻董)、沈(恩孚,自治公所议长)、叶(惠钧,全国商团联合会副会长、同盟会会员)、王(一亭)暨议员王引才、纳善,以及警务长穆抒斋、湘瑶成参与。他们每日会议商讨,投入了紧张的起义准备。

沈缦云的儿子焕唐对此亦有所记述:自10月24日会议决定大纲后,直至上海光复之前夕,陈英士、李平书、叶惠钧与先君缦云公等每日必定举行会议,通常在信成银行会议室举行,他们废寝忘食,甚至通宵不寐。

武昌起义爆发以后,清朝统治者疯狂地进行反扑,武汉战事吃紧,革命形势岌岌可危。上海革命党人陈其美和沈缦云、李平书紧急磋商。初决定,视南京的行动而定行止。但

商团总司令李显谟(字英石)率领商团占领上海县城,攻打江南制造总局

后来战事吃紧,遂日夜与诸同志计划响应事宜,初步决定于九月十三日(11月3日)起义以为响应,以求一举成功,则不恃武汉可转危为安,而东南半壁亦可传檄而定也。

1911年11月1日,各商团在南市九亩地召开大会,推举同盟会李显谟(英石)为上海商团临时总司令,指挥上海起义。是日晚上,沈缦云与陈其美、李平书、钮永建、叶惠钧等人集议决定了九月十三日(11月3日)"上海先动,苏杭响应"之行动方案。

当时,上海有清军五个巡营,三个驻扎高昌庙、南市、闸北和浦东,两个营驻吴淞和狮子林,共计1200余人。在陈其美的策反之下,巡防营统领兼吴淞炮台总台官姜国梁在言辞之间,赞成革命。在沈缦云的影响和劝说之下,坚定了倒向同盟会的决心。在争取到了姜国梁反正以后,陈其美、李平书与上海警察厅进行了谈判。那时,警察的力量,讲打仗是无力的,但是在党人未集合之前,还是有力可阻碍党人的活动,甚至逮捕党人的。在李平书和陈其美的威胁和利诱之下，警察厅长最后决定不干涉党人活动。因此，党人可以毫无顾忌地携带手枪，在华洋交界地大胆进出，对进行革命，便利不少。至此，除了效忠于清廷的江南制造总局总办张士珩不为所动、戒备森严外，革命党人已基本扫清了上海外围的反动势力。

11月2日，陈其美得到情报说，清军有五艘军舰自汉口来到吴淞口，准备从江南制造总局运部分枪械支援汉阳的冯国璋部。于是，他立即决定在第二天午后发动上海起义。当晚，其与李平书会晤，并将他的决定告之沈缦云。李平书在得到陈其美指示后，立即召集各方开会，进行协商。

3日下午2时，按起义指挥部计划，一位义士爬上上海救火联合会内的警钟楼，用尽全力敲响大钟。大钟先鸣9响，继鸣13响，寓意“九一三”起事，洪亮的钟声响彻上海市老城厢。随着钟声的召唤，各路人马千余人，从四面八方聚集到“九亩田”（又称“南操场”），举行誓师大会。李平书、徐寄尘、沈缦云、郑师道、陈英士等数十人均在，最齐整者为商团数百人，武装齐全、枪械精良，是叶惠钧带领来的。队伍排开后，沈缦云、陈其美、李平书等都登台演说，宣布独立，扯下龙旗，升起了同盟会制定的青天白日

敲响清皇朝丧钟的小南门警钟楼

旗。会后，陈其美率领部队进攻江南制造总局。

江南机器制造总局，简称江南制造局或江南制造总局，又称上海机器局，是清朝洋务运动中成立的军事生产机构，为晚清中国最重要的军工厂，是清政府洋务派开设的规模最大的近代军事企业，也是近代较早的新式工厂之一，是后来江南造船厂的前身。现地处上海崇明的长兴岛江南大道988号。

当时，江南制造总局存储有大批军火枪炮，如能占领，则上海大局可迎刃而解，这对长江中下游革命形势影响很大。李平书系该局提调（相当于副局长），于起义军进攻前，曾力劝张士珩勿再运军火支援南京清军，张弗从；又微讽人心瓦解，局内区区防卫兵力恐不足恃，不如另谋安全之策，又不听，是个地道的顽抗分子。“献厂归诚，以免流血”的理想一幕终于没能出现，依靠武力强取江南制造总局已势所难免。于是，起义军方面决定以武力夺取江南制造总局。

誓师大会以后，张承槱、刘福标等率领的敢死队为先锋，从斜桥直扑清廷最顽固的堡垒——江南制造总局，以控制武器库。到了高昌庙附近，张承槱见商家纷纷搬家，便高声喊道：“同胞们，不要害怕，我们今日起

上海机器制造局大门(旧址)

义，除杀满洲奴隶贪官外，绝不伤害同胞，请大家放心！”但是人们都怕江南制造总局门前变战场而伤害自己，仍携带行李狂奔。5时，敢死队乘江南制造总局放工之际，自西栅栏潜行至局门前，准备向里冲去。

张承槱

忽然，随军督战的陈其美叫大家暂缓进攻，由他去说服江南制造总局的守军，这样可以不流血。于是，他由李平书带路，只身闯入制造局，一见到张士珩，便以顺应潮流相劝，还以起义者陈兵门外相威胁。张士珩顿时按捺不住，站起来据傲地挖苦道：“黄克强（黄兴）一伙乱党，已经在朝廷的进攻下逃出汉口。你等乱党，今日攻击了半天，也不见有何高招，你凭什么摇唇鼓舌，前来威胁于我？我就将你抓了，看你们又能怎样？”接着，回头大叫：“来人，把这个姓陈的乱党给我抓起来！”

张士珩

李平书一看情势不好，急忙对张士珩说：“珩翁，不可！”待要再行阻止时，张士珩已沉下脸色，拂袖而去。几个士兵一拥而上，将陈其美双手反剪，用绳索绑紧，押了进去。

以敢死队为先驱的革命军见状大怒，毅然发起进攻。经过一条约半里长、二丈宽的走道时,围墙上的守军先放一排空枪示警。敢死队见无子弹,急忙向里猛冲,至铁栅门不远处……忽然,守军的机枪密集扫来,30多人的革命军当场应声倒地。队长张承槱胫部被炸伤,右腿又中一枪。田鑫山亦受枪伤。此处是走道,左右是墙,无处躲避。敢死队只得向后撤退。前队尚未退出,后队又冒死向前冲去,再次被守军击退。前有劲敌,后无援兵,革命军只得退回城里。

听说陈其美被拘,李平书急忙偕同商团总司令李英石乘汽车到制造局面见张士珩,要求放人。张士珩见李英石前来说情,仍是不允,说是"书生不知利害,妄思革命,徒送死耳",李等只得怏怏而出。归来后把所见告之起义党人:局中节节设防,戒备森严,新调护厂炮队营和巡防营在江边设有排炮六尊,要道均设有机枪阵地,大门附近设有小钢炮,黄浦江船坞边并有飞霆等军舰多艘掩护,且吴淞炮台大炮亦能远射江南制造总局,甚难轻取。

过了一会儿,王一亭又与李平书赴江南制造总局面见张士珩,以自治公所和商会的名义保释陈其美,张还是不允,说陈其美自称系《民立报》访事,那么应由该报具结,保证"以后不来局滋扰"。王、李只得再回城商量。

深夜12时,在革命军准备重新组织军事进攻的同时,商团公会得上海道署总账房朱佩珍(葆三)潜来南市毛家弄商团公会会所,向李平书密报:"上海道台刘燕翼已密电两江总督张人骏,谓上海革命党人起事,商团尽叛;张人骏也已回密电，谓已调清军向上海进发，并饬令无论革命党人和商团团员，擒获后立即正法。”

张人骏

这个朱佩珍(1848—1926)系实业家。字葆三，以字行。浙江定海人。少年在沪做学徒，20岁升为“协记”五金店经理，此后投资金融、保险等行业，遂成商界巨子。1905年被选为上海商务总会协理，逐步成为商界领袖。

商团公会接得密报，当即召开紧急会议，商讨应付对策。于是推王一亭起草反攻令，言辞极为慷慨，然后由商团总司令李英石署名发出。

这时，在场全体团员义愤填膺、荷枪实弹，或持刀斧，或拿棍棒，待命出发。王一亭慷慨陈词：“事急矣，有进无退，进或一死，退则必死。等死耳？与其引颈待戮，无宁为国殉身。”

随后，沈缦云言辞极为激昂地对即将出征的将士们说：“英士先生冒险入虎穴，为我辈计，为上海合邑人民计，为民国前途计，关系至为重要，设有不测，吾辈生命不足惜，其如我上海同胞何？”在议事厅外的广大商团团员群情激昂，高呼：“若不发动(进攻)，我等今日愿洒血阶前，誓不散归！”

出发前，沈缦云、王一亭、叶惠钧三人又热情洋溢地鼓动团员说：“愿众团员于此千钧一发之际，抱破釜沉舟之志，即夕奏功，勉矣诸君，祝尔成功归来！”誓师毕，千余人的商团队

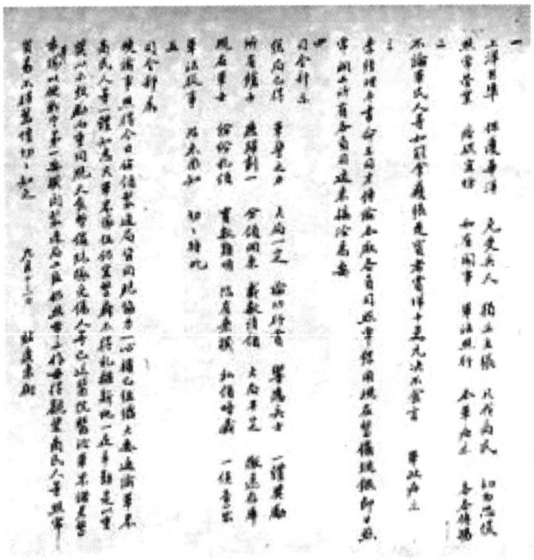
革命军攻占江南制造总局发布的公告

伍浩浩荡荡地向江南制造总局进发。于是，李平书签发了向江南制造总局进攻的军令。

这时，退回县城的敢死队稍事休整后，重整旗鼓，再攻制造局。光复会李燮和在闸北，也急忙召集各路起义的军警，于4日凌晨两点会师龙华镇。

4日凌晨两三点的时候，商团、敢死队、军警将江南制造总局三面围住（一面是黄浦江），军警攻前门，商团、敢死队攻后门。

张士珩见此情景，急请海军飞霆舰救援。谁知该舰早与革命军有约，回以“炮未安齐”，不予理睬。眼见大势已去，张士珩只得带上亲信乘上事先备好的小轮船逃入租界，后来逃往青岛。

这时，冲进江南制造总局的革命党人急忙寻找陈其美，可是到处都没有找到。沈缦云、王一亭、叶惠钧三人急忙指示分头寻找，随时汇报搜寻的结果。

后据有关人员报告，才在厕所旁边的一个储藏钢铁的小房间里找到他。只见他的手足系着镣铐，坐在一张条凳上。头紧靠着板壁，默然不动。一看，他的发辫从新凿的洞孔拉出房外，房外梁上挂着一个铁钩，发辫就紧紧缚在上面，所以他一动也不能动。同志们给他打开镣铐，放下发辫。这时，他除了手足麻木、不能走路外，无其他大问题。沈缦云听到这一消息，一直悬在胸口的石头总算落了地。当他急匆匆赶来时，陈其美已经在李燮和扶着走几步路活络筋骨后回去休息了。

原来，张士珩色厉内荏，他虽抓了陈其美，但担心将来革命胜利后，革命党人不会放过他，所以只是将陈缚住，而不将其处死。

4日午后，全体起义军列队开入江南制造总局，李英石、冯少山等在制造局设立了民军司令部，张贴布告，通知起义队伍，准备继续战斗，布告上改年号为"黄帝纪元四千六百零九年九月十四日"，并将军火库内装箱待运南京之步枪，分发给起义人员。人手一枪，整队而出，沿途高唱军歌，一时观者如堵，欢声雷动。

晚上，起义军将领在江南制造总局聚会，向李平书、李英石、沈缦云等领导汇报各个战场的情况。胜利的喜讯，振奋了在场的每一个将士。

上海起义成功后，街头挂起五色旗

当时，上海作为中国资本

孙中山题词

主义最发达的地区，在辛亥革命中占有极其重要的地位。上海的光复，不仅在经济上严重地打击了清政府，还牵制了武汉的清军，而且为攻取南京、杭州奠定了坚实的基础，从此加快了长江流域各省的革命进程。

孙中山先生曾经给上海的光复以极高的评价，他认为："武昌既稍能持久，则所欲救武汉而促革命之成功者，不在武汉一地，而在各省之响应。吾党之士能见于此，故不约而同，各自为战，不数月而十五省皆光复矣。时响应之最力，而全国影响最大者厥如上海。"而沈缦云在上海光复的过程当中，居功甚伟。

在革命之初，他作为桥梁和纽带，沟通革命党和商团两方；在陈英士被执，革命形势危在旦夕之时，他又挺身而出，坚决主张将革命进行到底；军政府成立以后，他又积极调节各方的矛盾，所以，是年年底孙中山先生抵沪时，对沈缦云在辛亥上海光复的过程中所起的积极作用给了高度的评价，并亲书"光复沪江之主功"匾额一方赠予沈缦云，以彰其功。

第二节　调和双方矛盾，推选沪军都督

上海光复后，清政府旧有的军政组织已全部被摧毁，急需组织革命军政府，统一事权。1911年11月6日下午，李平书、李英石、陈其美等上海各界代表，在旧海防厅署举行会议，筹组上海军政府，推选都督。

革命军占领上海道署

旧海防厅署原本设在西门内，道光二十六年（1846），由同知沈炳垣集资建造。沈炳垣（1784—1855），名潮，字鱼门，号晓沧，浙江桐乡炉头人。咸丰三年（1853），该署毁于上海小刀会，后被改为关帝庙。咸丰五年（1855），同知吴煦始以小东门内的旧察院署，修葺为海防厅署。吴煦（1809—1872），字晓帆，号

民军占领上海后之申报馆门前

春池，晚号荔影，别号秦望山民或秦望山樵，浙江钱塘（今杭州市）人。故迄今该地被当地人呼为察院场。

先是此署为前明之都宪行台，康熙二十四年（1685），曾被改为榷使（指关督）署。六十年，因以巡道榷关署，其署乃废。乾隆三十二年（1767），奉部颁的公文，将废署变售。四十六年，由巡道盛保（满族镶蓝旗人）重修涌泉和涌亭，赎回东北城榷署废基建公馆，整修、翻建县学，修建静安寺宇。并捐田24亩以供香火赎其地，建为公馆。有立石为记。

旧海防厅是一所旧式的五开间的高大平房，中间是黑漆门，门前设有旗杆等饰品，只是大门石阶两旁有一对车轮般的石雕扶手，边门上粘着一张红纸条，上写“沪军都督推选大会会址”10个大字。进门后有门厅、二厅、后厅三座厅堂，两个石皮天井。前两座厅堂是穿堂过路，后厅内像课堂一样放着四五排桌椅，都面向北坐，最后一排是主席台，座位向南，桌上铺着白竹布台毯，散置着纸墨笔砚和茶杯等物什。座位都是各式各样的旧椅、旧凳拼凑起来的。

海防厅署

会议厅门口安排2个岗位，大门口站着8个岗哨，阻止闲杂人等入内。其余的列成单行，站立在二堂和天井间警戒着。

上海全城光复，都督一职究竟由谁来当呢？当时，同盟会方面竭力推举陈其美，帮会、报界和留日学生也都拥戴陈其美；光复会方面拥戴李燮和，并得到淞沪一带起义军警的支持；上海地方绅商则推举李英石。

三个人都有担任都督的资格。除陈其美外，李英石是上海商团总司令，曾担任攻下江南制造总局的总指挥，他是驻南京新军第九镇的起义将士，又是上海工商界领袖李平书的族侄。

据同盟会元老钮永建（1870—1965）回忆："当时上海的起义没有把握，英石到了上海，由他来主持，我们信得过，所以把光复上海的军事指挥权让给了他。"李英石早年留学日本时是东京留学生爱国运动的积极分子，曾因殴打清朝驻日公使蔡钧被指为革命党而被捕。此人有魄力，善用兵，有大将风度。应该说他出任都督也是可以胜任的。然而他不是同盟会会员，在那时党派成见极深的情况下，是通不过的。不仅上海都督不能当，南京临时政府成立以后，钮永建任参谋部次长时，"几次提名重用英石，都因他不是同盟会会员而未成功"，即使"孙中山先生对英石很赏识"也都不管用，无怪乎钮永建事后追忆这段历史时，深为叹息："英石是个人

钮永建

李燮和

才，不加入同盟会是很可惜的。”

第二个是李燮和，他是具有华兴会、同盟会、光复会三会会员身份的老革命党人，活动能力颇强，是后期光复会三个领导人物之一。他参加了广州黄花岗起义，失败后到上海担任光复会上海支部的负责人。不久回湖南老家探亲，因被清政府侦探追踪，遂往汉口。正值武昌起义胜利，他受湖北都督黎元洪的特委，以“长江下游招讨使”的名义奔赴上海。在参加光复上海之役中出其不意地立了首功，拿下吴淞、闸北。当时按资望和功绩，陈其美略逊于李燮和，所以，连李平书都大力倡举李燮和为都督。但是，李燮和来上海不久，在上海没有什么基础。同时，光复会与同盟会虽自黄花岗起义已携手合作，光复上海时又共同战斗，但相互之间的芥蒂并未消除，两会之间的倾轧随着革命的胜利而加剧，同盟会怎能把上海都督的桂冠轻易送给另一派呢？所以1911年11月6日，即光复上海的第二天，在旧海防厅举行的推举都督的会议，李未得通知，被排斥在外。

下午两点左右，出席会议的人员陆续到来。陈其美穿着学生装，发辫已剪去，随身带来40个便衣卫士（敢死队队员），由刘福标带着。刘长脸，中等身材，穿着黑色夹袄裤，扎脚管，辫子缠在头顶上，腰间束着一条布腰带，插着手枪，还挂着两颗手榴弹，脚穿白布袜、双梁鞋子。其他队员都穿着各色中式短袄裤，左臂一律缠一条白布，腰间都有腰带，手枪插在腰带上。他们的辫子，有的缠在颈项上，有的盘在头上，也有的头上裹块黑布，把辫子藏在里边。到会场门口后，刘福标跟着陈其美进入会场。

队员们留在外边，三五成群地在第二厅堂内，有的站着，有的蹲在地上，有的搬张凳子坐着。这些人大都是刘福标的帮会徒弟，以理发所（俗称扫青麻子）的居多，也有卖膏药的、走江湖卖拳的，还有一些是退伍离差的旧清兵勇弁。他们和商团团员之间彼此面熟，但互不招呼。这是因为他们两次攻打江南制造总局打头阵时，都一触即溃，后来还是起义军和商团攻下来的，因此，他们觉得没有面子（帮会中最喜欢讲面子），对商团怀恨在心。

这时，参加会议的军政人员和商团各单位司令都陆续到达。有的骑着马，有的坐马车，有的坐人力车（自备包车），他们穿着各种不同的服装。李平书、吴怀疚等是蓝袍马褂，起义军官都穿军服，带着指挥刀。来宾中，有少数报馆访员着西装。李英石司令穿着一套商团军服，佩着指挥刀，骑着一匹枣红色高头大马，后面跟着的士兵陈安贵，也骑着一匹蒙古马到达会场。敢死队员和商团团员都站起来向他敬礼，他还礼后进入会场大厅。

这天，参加会议的约有五六十人。会议由李平书担任主席，各方代表发言，大多数认为李英石统率义军，学识渊博、英勇作战，指挥上海光复功高任重，应被推为都督，并推叶惠

黄郛(膺白)

钧为副都督。中部同盟会以陈其美为首的代表却不予同意,由陈其美当场提出了一张未经协商事先拟就的都督府人选:陈其美自任都督,黄郛(膺白)为参谋长,李英石、李燮和、沈缦云、陈汉卿、章梓、杨谱笙、钮永建、叶惠钧、王熙普等为参谋。

名单一经宣布,双方发生争执。顿时会场大哗、秩序大乱。黄郛脾气急躁,拔出手枪威胁李平书,说是陈其美率先进入江南制造总局,立了第一功。在场的起义军官也都拔出手枪,说陈其美进入江南制造总局后即被拘禁,江南制造总局是李英石指挥起义军和商团打下来的。陈其美的随身保镖刘福标,突然拔出手榴弹站立高处,大声高喊:"都督非选陈其美不可!倘有异议,大家同归于尽!"当时在场的各界代表面面相觑、大惊失色,纷纷夺门而出。会议闹成僵局,无结果而散。

此刻,沈缦云身兼同盟会会员和商团副会长双重身份,调和双方的重任又一次落到了他肩上。沈缦云对李平书等商团众人晓以利害,强调保持革命团结的重要性。同时,说服同盟会做出一定的让步,双方终于妥协,达成共识:都督由陈其美担任,主要负责政治,掌握对外省联络和策划供应军械、粮食等工作;李英石负责军事,任军政府军务部长,仍兼上海商团总司令，并收编归顺水陆清军及各路敢死队，维护地方治安；上海自治公所总董李平书负责民政，任民政总长；信成银行协理沈缦云任财政总长；伍廷芳任外交总长（事先由李平书敦劝出任）；王震（一亭）任农工商务总长；叶增铭继任商团公会会长。其他高级行政人员有：莫锡伦（子经）任市政厅厅长，顾履桂（馨一）任副厅长，穆湘瑶（恕再）任警察厅长，黄庆澜（涵之）任上海县司法长，吴怀疚任上海县民政长（相当于县知事）。

为了加强团结，激励斗志，巩固胜利成果，上海军政府与商团公会等单位，都举行了隆重的追悼大会，悼念在上海光复和攻克南京中牺牲的烈士：1911年11月7日上午，荣九松烈士举柩回籍；11日，俞志伟灵柩抵达南码头，各界各业商团执绋相迎。12日在沪军军营操场为俞志伟举行追悼仪式，参加者逾千。同日，上海商团公会于新舞台举行公祭南京之役三烈士大会。上述多个追悼会，沈缦云虽然没有亲自到会，但在会前都送上挽联。经军政府批复，在财政十分困难的情况下，每次追悼会他都派代表向烈士亲属送上抚恤金，以示新政府的关怀和敬仰。

12月17日，上海军政府在明伦堂举行大会，追悼自1895年兴中会第一次广州起义以来的17次起义中死难的烈士。这次大会原拟在张园进行，因那天恰逢袁世凯议和代表唐绍仪到沪。领事团与租界工部局提出："如是日允许民军、商团等武装经租界游行，有碍于中立态度，希望改期。"遂易地召开。

参加会议的有军政府各部门、商团公会等各团体，计78家单位三四千人。陈其美、李平书、沈缦云等都出席了大会。从下午1点起，游行队伍从小东门大街都督府(原海防同知厅)出发，卫队、商团、敢死队千余人，戎装荷枪，浩浩荡荡，经西门大街至明伦堂。其中女子国民军队伍最为壮观，一式的黑军服，一式的黑皮靴，一式的分双髻发型，“颇有雄飞气象”。明伦堂内外“人山人海，摩肩擦背，拥挤不堪，几无容足之地”；东洋车及一般小贩，“莫不利市三倍也”。明伦堂内，数十名卫士与军乐队分列左右，陆皓东、史坚如、秦力山、邹容、秋瑾、倪映典直至商团张沛如、荣九松、俞志伟等烈士照片，悬挂于正前两侧墙上。数百只花篮、花圈，数百副挽联、挽幛，簇拥堂前，寄托了人们对烈士的敬仰与追思。此处略录一联：

于革命树先声，前仆后继，掷几许头颅，一样成仁取义；

为同胞谋幸福，饮水思源，读数行血史，诸公虽死犹生。

陈其美、李平书、沈缦云等先后在大会上讲话，各界代表都上台致辞表示悼念，永志不忘。

上海各界追悼17次起义烈士大会祭坛

可惜，由于政权很快就南北易手，虽一度曾成立稽勋局调查烈士史料，但不久便撤销了。陈其美欲为上海辛亥烈

上海明伦堂

士立铜像的愿望，只能作罢。1927年南京国民政府成立后，辛亥革命史料搜集又受到宗派思想影响，以致光复会、商团等史料湮没更甚。各商团自行积累的史料，又毁于日本侵华的战火中。中华人民共和国成立后，虽数度抢救，但佚亡已多。今天，缅怀这些有名或无名的上海辛亥烈士，继承和发扬他们的革命精神，也是一种很有意义的纪念。

第三节　临危受命解决经济困窘

上海起义胜利，沪军政府成立，沈缦云作为地方政府财政机关首长，全面挑起了上海地区的财政重担。而当时上海的经济形势极为严峻。由于事起仓促，军无宿储，前清所设各税捐局所，已于起事时明令裁撤。《申报》1912年2月11日报道："当事者均闻风携款远避，以致铜精无所出。而当时沪兵共有四五千，又有同志多人，均须协济。用款实在浩繁；又宁之新军，浙之援军，均需供给。"初期军费开支，每天就需银元3万元左右，后来"各省援鄂、工六徐、援皖、攻鲁以及北伐各师，皆取道申江……大至一师一旅之经营，小至一宿一餐之供给，莫不于沪军是责"。都督府月支出大都在百万元以上。每旦署门未启，环而俟者辄以百计，群来索款，气势汹汹。

沪军都督府元旦纪念合影

当时，广东革命政府派遣三千人的军队到南京，乘轮船路过上海。时值隆冬下雪，在浦江码头上岸，身

上海革命军在闸北争土庵开设兵站招募新兵

在闸北进行军事训练的上海革命军

上只穿单夹不等的平民服装加一件羊皮背心。这样的服装自然不能御寒。该队的长官在求助无门的情况下，翌日只得到上海广肇公所要求协助制造棉被褥三千条，限三日交货，以应急需。这军队是为巩固南京政府而来的，但它所缺的被褥却无指定的机关办理，只能向同乡的广肇公所请求支援，不能不表现出当时上海军政府的经济困窘。

另外，帝国主义对新生的沪军政府亦从经济上进行扼杀。当革命军占领上海以后，北京的驻华特命全权公使朱尔典[John Newell Jordan，(1852—1925)]，即指使上海领事拒绝将关税交给军政府，而由外国税务司直接扣留，并将原来关税存入大清银行的规定，改为存入英国的汇丰银行。朱尔典在呈葛雷文中明确指出：上海于本月初转归革命军以后，海关税务司即为此事就商于领事团，建议将征收起来的关税存入汇丰银行总税务司之下，而存入汇丰银行的关税则被用于偿还1900年以前成立的外国借款和用于支付《辛丑条约》所规定的赔款。

都督府为了粉碎以朱尔典为代表的外国列强的阴谋，首先着手安定人心，活跃商业、金融。上海是通商巨埠，金融稳定是各业繁荣的基础。革命党人通过各种途径向市民说明其起义的宗旨，要求同胞“仍各安分营生”。同时呼吁商务总会“维持市面”，务使“商仍为商，工仍为工，幸勿虚张皇，致碍贸易……”其次，在无力控制金融的情况下，都督府在《申报》1911年11月6日刊登命令：“其市上旧有官设各银行钞票，照定价行用，以保金融而安市面。”而且民政总长李平书还告示钱庄应当尽力维持营业，不得随意关闭。这种安抚政策使部分市民和“商界”对革命引起的动荡的恐惧心理稍得慰藉，对局势起到了稳定作用。

申报馆老楼

沈缦云临危授命，黎明即起，深夜始归。晨夕不逗，艰困万状。但沈缦云并不为当时局外人所理解，尚多流言，恫吓侮辱之书，日必数至。可沈缦云并不为之所动，兢兢业业，全身心地投入到了为沪军政府筹集款项当中。

沈缦云为解决沪军政府财政困难，从多方入手。首先，他通过自己主持的信成银行为革命垫付经费，支发军饷，及其他用途。1911年11月9日，沈缦云以财政总长的名义，颁发《完全担保信成银行钞票告示》：

照得本财政长奉军政府委令，总理上海全埠财政事宜，军需紧要，支应纷繁。如急募公债，颁行军用钱票，非特一时赶办不及，兼恐市面不安。因此急需指定金融机关一处，以备缓急之用。是以军政分府以全力担保信成银行，以冀流通，而免窒滞。此中苦情，想吾同胞国民，当能共谅。至信成银行内一切事宜，仍照旧章办理，与财政部内各事界限，截然分清，毫无牵涉。事关股东财产银行规例，应声明，以免误会。此启。

由于信成银行的钞票上印有载振的肖像，引起了民众责难。军政府发布示谕的当天，沈任夫等人就对此提出异议。光复后的上海滩，凡银楼酒馆“满汉首饰”“满汉酒筵”之市招，均已将“满”字删去，间有当铺数家，亦有将“满衣出售”之“满”字涂改者，足见人心思汉，清运告终。

第二天，《申报》刊登了《沈任夫等致信成银行协理上海财政总长沈缦云君函》：

缦云先生足下，昨读军政府示谕，所有信成银行钞票准由军政府完全担保，以期畅行无阻，如庄号及店铺或有挑剔，以致阻碍行用者，军政府亦以违背法律论，具见军政府维持商市之至意，亦以见贵银行资本充足，章程周密，办事各员诚实稳妥之实在，无任欣幸。

窃维上海自光复以来，各界绅民欢声雷动，凡银楼酒馆“满汉首饰”“满汉酒筵”之市招均已将“满”字删去，间有当铺数家，亦有将满衣出售之“满”字涂改者，足见人心思汉，清运告终。今贵银行钞票既受军政府完全担保，而钞票仍印有载振肖像，下署“大清国固山贝子商部尚书”字样。在贵银行前受清国商部之保护，故将钞票印载振之肖像，以为荣幸，固无足怪然。昔者固见其荣，而今日□形其辱。且军政府示谕非明明，有挑剔阻碍者以违背法律谕乎。倘或贵银行钞票行之于市面，而议者以为有清国载振之肖像，为民国污点，引以为耻而不欲行用者，军政府将以违背法律责之乎？抑将以违背法律责之贵银行乎？执事司上海财政之总机关，且为贵银行协理，恐亦无辞以对。

仆等为大局计，用敢专函忠告，如荷采纳，务乞迅将贵银行所发钞票克日登报收回，规定完全式样，重行印刷，发行市面，庶足受军政府完全担保，而无愧揆之法律，当亦谓然。祇请办安，鹄候示复。沈任夫、钱达三、陈伯刚、武颂汾、胡甸荪、赵沧蓉、张朴庵、张笏卿、沈少汀、贺灿唐同顿首。

沈任夫，即沈毅的哥哥。浙江定海籍民国议员沈椿年。这封公开信反映了当时民众对清朝不满的心理。

上海光复后，租界当局派万国商团巡行南京路

沈缦云根据当时的情况，在广泛听取上海金融界同人意见的基础上，几天后就取消了《完全担保信成银行钞票告示》。不久，在沪军政府的支持下，又制订了一系列的财政应急措施，组建中华银行、发行公债券、募捐……因这些措施合民意，得到了上海工商界的积极支持。一些工商界人士如朱葆三、郁屏翰、袁恒之、王宪臣、周金箴、林莲荪等人专门组织了财政研究会，定期组织讨论研究商业繁荣、军饷供给等问题。

第四节　筹建中华银行

1911年11月12日，财政总长沈缦云奉军政府委令，在《民立报》第五页，颁布《筹备设立中华银行告示》。

出示晓谕事：照得上海为通商巨埠，中西荟萃，商贾辐辏，素称殷埠。比年以来，历因金融困滞，贸易衰减，屡起恐慌。自本年八月迄今，又因战事影响，困难已达极点。若不亟为维持，诚恐陷溺日深，不可收拾。况自本军政府建立以来，治军、行政，需款浩繁。然当百日维新之始，又岂忍遽行征敛，重累同胞？日来虚心咨访，筹议再三，惟有亟行组织财政机关，以预流通泉货，酌剂盈虚，既裕饷需，兼苏商困。刻已特嘱财政总长会集本埠商界热心诸君，即日创设中华银行，以为整理财政之枢纽。从来办事之成绩，经济充裕，自能百废俱兴。尔商民人等，速宜各安生业，静候措施，切勿臆度惊疑，致乱秩序，本部督有厚望焉。除嘱由上海财政总长迅筹款项，妥议章程，赶即开办外，合行出示晓谕，仰本部埠商(民)人等咸使闻和。特示。

当天，沈缦云又邀请上海南北商界代表开会，沈缦云讲："惟每日军需支用，须洋三万之多，鄙人负财政重任，离不能支，现拟政策三端：一，兴办中华银行，发行军用票；二，发行公债票；三，募捐。"

中华银行实际主持人沈缦云、李云书、顾毓卿、郭竹樵等人，大多与沪上金融界有很深的渊源。在军用票发行前，沪南商务分会就集会提请商务总会邀请各业领袖，“赶为提议一体维持”。

11月14日，由沪军都督陈其美颁布《中华银行创办简章》。确定资本额为五百万元，公股商股各半。沈缦云又以上海财政总长的名义，颁发筹组中华银行的启事：

上海市面，自八月以来屡起恐慌，以致金融困竭，周转不灵。各项商业均皆束手，若不思流通，诚恐瓦解土崩，不可终日。现奉军政府命令，组织中华银行，即经会同本埠商界诸君妥拟简章，克日开办。议定资本洋五百万元，公股、商股各半，每股洋五元，先收一半。凡我同胞满足诸君，如欲附股者，请至南市久大马头财政部总事务所取阅章程可也。上海财政总长沈谨启。

这天，《民立报》第五页又全文刊登了创立中华银行发行公债票、军用票的告示，以及简章：

沪军都督陈为出示晓谕事，照得本军政府自恢复上海以来，治军、行政，百务待兴，仓猝之面，需款孔殷。查照万国通例，当此军需紧要之时，惟有发行公债票、军用票等以应支发。无如事机急迫，办理不及，因拟指用信成银行钞票，支发、饷糈。前已示谕，由本军政府用担保该银行钞票，期于金融不致阻滞。

数日以来，财政机关业已粗有头绪，议定即日创立中华银行，以为经济之枢纽。所有公债票等，示拟次第发行，日前担保信成银行钞票一节，应当取消。惟本军政府组织银行之本旨，在于流转金融，并非把持贷例。所有本埠一应华商银行，仍应竭力保护。各银行所出钞票，亦应一律通用，勿得阻抑歧视，致妨市，是为至要。除分别照会外，各行出示晓谕。为此，示仰本埠商民人持一体周知。特示中华银行简章：

财政不够，货泉涩滞，因之农工商业不能振兴，即政治亦无众措手。此我国贫弱之原，因而同胞所以有坐困危亡之惧也。上海素自通商太埠，为全国财源之枢纽，应亟设立财政机关，以便流通，而维市面。爰特组织中华银行，即日(后)开办中央银行之基。兹将创办简章列右：

——本银行奉军政府命令，亟欲维持市面，流通金融，先行订立重要简章数条，准于十月初一日开办。容俟拟定详章，再行宣布。

——本银行定名曰中华银行。

——总行设立上海南市沿浦吉祥弄口，分利设立北市。

——股本暂定银洋五百万元，每一百万股，每股五元，先收一半。

——股本公股、商股各半，所有公股先收一半，计洋一百二十五万元，现已筹足，其商股无论何人均可附设，余利一律均派。

——本银行股东除应得股东权利外，再当别等特别优奖，以为急公向义者劝。

——商股自九月二十四日起开始募集，限五日截止。

——凡附股者，先给收据一纸，俟股票刊就，再行换给。

——本银行营业各项，采取各国商业银行通行章程办理，力除通融之旧习。

——本银行兼理军政府所发军用钞票，随时可向本银行换取现洋。

——本银行兼有中央银行性质，经理国家所入一切税赋饷项。

——本银行暂行试办，以六个月为期，届期当再开股东会，举行正式选举，并宣布详细章程。

——本银行额定监理一员、总理一员、协理一员、董事七员、查账两员、其余办事各员，均由总、协理主政。

——监理一员，由政府委派，股东承认。总、协理二员，由股东公举，政府承认；董事七员，由政府委派三人，股东公举四人。查账员则由政府委派一人，股东公举一人。

——附有股份二千以上者，有委派监理及选举总、协理之资格。一千股以上，有董事之资格。五百股以上，有查账员资格。

本银行现因亟须成立，所有监理、总协理、董事各员，先由军政府暂将委用，俟试办六月期满，应即照章委派公举。

由于信成银行钞票上印有满人载振的肖像，引起民众责难。军政府决定自行组织的中华银行成立，并发行军用钞票，才取消了对信成银行的担保。以上试办简章十六条，规模初具，其余一切详细章程，俟订定再行宣布。

1911年11月15日下午5时，沈缦云紧急邀集上海的南北商界在海天村开会，商议维持市面、流通金融等计划。首先由沈缦云报告民军急于取沪之原因，及军政府担保信成钞票的苦衷："现在已决定，将这个方案取消。由于每日军需支用须洋三万元之巨，鄙人身负财政重任，力不能支。为了改变这种状况，现将政策作了三方面的调整：一，兴办中华银行，发行军用票；二，发行公债票；三，募捐。舍此三者，实无最好的办法。倘若一旦军饷告竭，其祸害将不堪设想。诸位须知上海的安危，从大的方面说，将关系到全局之成败；从小的方面看，则关系到每个人的切身利盖。务请诸位先生重视今日之会，为保全自己的生命财产等问题，好好深思一番，然后做出自己的选择。"

接着，由陈其美都督代表俞寰澄(1881—1967)讲话："古之用兵，必须做到兵马未动，粮草先行。至今则举动文明，方能够力除苛敛，所以必须设法筹措。今沪兵共有四五千人，又有同志多人，均须协济，用款实在浩繁；又宁之新军、浙之援军，均需供给。上海一县，不啻东南半壁之总粮台。沈君之为难情形，切望在座诸君怜念。又陈说张勋江防之兵，因势孤援绝，指日必亡，就是北京也不能长久持续下去。目前，无粮饷，这是非常危险

俞寰澄

胡瑛

何海鸣

的。军票、债票虽为一时救急之计,然共和新政府即日成立,所有的款项都有指望,务望大家踊跃相助,共渡难关。"

最后由温钦甫讲话:"我与伍君肩任外交,然而外交须有兵力、财力作为后盾。银行为金融机关,必不可少,然最重要者莫如公债票。余担任劝募,热忱希望大家竭力相助,请各业、各帮务互相劝募,多多益善。今日已到生死关头,成则为佛,为国民;败则为鬼,为奴隶。你虽有千万资财,不能指望为我所有,而输助军饷即可以自保。几天前,有英国使者来电,已经首先承认我军为战团。消息甚好,愿各位努力。"

当三位演说完毕后,到会的各界代表都拍手热烈鼓掌,并争先认购银行股份,或公债票,或捐助军饷,或担任劝募。顿时集资巨万,足见沪人之热心。1911年11月16日,《民立报》第5页详细刊登了这次会议的盛况。

章炳麟

11月19日,胡仰、胡瑛(民国桃园三杰之一)、何海鸣发起组织中华民国联合会,是日公布通告,成员为章炳麟、伍廷芳、沈缦云、李平书等。

11月20日，沈缦云又以上海财政总长的名义，特邀南北商界在海天村召开会议，议定维持市面、流通金融三项办法：一，兴办中华银行发行军用票；二，发行公债；三，募捐。并在当天颁布了中华民国公债票章程，如下：

甲 此项债票，共募集洋一千万元。

乙 现因军需急迫，此项债票准一次收足。

丙 此项债票，准分六年还清，第一年息九厘，第二年一分，第三年一分一厘，第四年一分二厘，第五年一分四厘，第六年一分六厘，均于付款之日起扣足一年，于每年此日付息及应还之本。

丁 此项债票，分四次拔还，每次拔还二百五十万元，以四千六百十一年、十三年、十四年、十五年为分还之期。

戊 债票分零、整(四)两等，整票每张洋百元，零票每张五十元、十元、五元，计整票共二万五千张，零票五十元者五万张，十元者二十五万张，五元者五十万张。

己 债票分天、地、(元)玄、黄四号，每号计洋二百五十万元。零、整票各洋一百二十五万元，听人随意购买。第一次先还天子号票，十三年还地字号票，十四年还玄字，十五年还黄字清讫。

庚 现在人心奋激，共襄大义，当此需饷、利害切身之时，自宜各发恤忱，争先购买，与寻常公债票不同，是以不指定财产作保，惟听人乐购，万不强迫(持票者或欲抵借转卖，均听其便，只认票不认人）。

辛 此项债票，由沪军政府及民政、财政两总长担保，上海中华银行经理。

壬 每年发还本息时，由中华银行将本年经理此项债票情形，以报告书宣布，俾昭公信。

癸 将来大局底定，联合告成，此项章程当雁鸣政府作为专案照行，如已到期之票，可向共和政府所设理财各局抵作付款，本利照算。

然而，印制钞票的设计、制图、雕版等工序，需要较长时间。为了应急，由沈缦云通过日本驻沪领事的关系，照搬横滨正金银行钞票的格式，只是去掉象征封建王朝的双龙图案，在年号上改用皇帝纪元四千六百零九年，其他文字与图案等基本与横滨正金银行钞票相同。

中华银行军用钞票

沈缦云经过昼夜奔走筹款，在周舜卿等有识之士的支持下，1911年11月21日，中华银行在上海南市吉祥弄沿浦正式成立。首届董事为黄兴（克强）、陈其美（英士）、沈缦云（懋昭）、朱佩珍

（葆三）、王震（一亭）。监事为李厚佑（云书），总经理为林莲荪（世杰）。

该行开幕那天发行的中华民国军用钞票有：五角，长12厘米，宽7.5厘米；一圆，长13厘米，宽8厘米；五圆，长15.5厘米，宽13厘米；十圆，长17厘米，宽10.3厘米。这些军用票都以绘石版、证券纸，在石印机上印制而成。

中华银行军用钞票正面上端横书"中华民国""军用钞票"八字，在中间金额的两旁印有"上海通用银圆""只认票不认人"以及"凭票即付""执此为照"等字样。在框内右边印有"黄帝纪元四千六百零九年九月吉日"，左边印有"中华银行经理"，并盖有"沪军都督""财政总长"两颗朱章。下印钞票号码，四周为花边框，四角印有币值，右边盖有红色"军用钞票"字样的骑缝章。背面全是英文，还印有财政总长沈缦云的英文签名。

据1986年吴筹中先生等编著的《辛亥革命货币》记载："此票颇受士绅商学欢迎，人们不惜以重金征兑第一号。如郭竹樵以五百圆兑得十圆币值军票第一号；杨谱笙以六十圆兑取十圆币值军票第二号；黄少岩以一百零五圆兑换五圆币值军票第一号；方樵苓以五十圆兑到五圆币值军票第二号；王奋独以钻戒一只兑得一圆币值军票第一号；朱少屏以五十圆兑取五角币值军票第一号；陈其美、沈缦云、俞寰澄、周葆元、王一亭、虞治卿等均以高价兑换军票第三号或第四号。"这是上海独立后的一件轶事，辛亥革命为人心所向，由此可见一斑。

在中华银行举行的开幕典礼上，陈其美、沈缦云相继演说。

针对社会上对新生的中华银行发行的各种钞票的不信任的态度，为了稳定金融秩序，身为上海财政总长的沈缦云，在征得军政府的同意后，不久，又发出中华银行各种钞票一律通用的通令：

沪军都督陈为晓谕事：照得本都督因需饷孔亟，业已会同财政长官及本城绅董设立中华银行，具有国家银行之性质，专理公债票及军用钞票，并兼收商民助饷等款，已于本月初一日开幕，曾经晓谕在案。尔商民等须知该银行基本稳固，呼吸灵通，本军政府当负其完全责任。所发各种钞票，务须一律通用，流行无滞，庶于金融机关有所裨益，并须深明此义，不得故意克扣压抑情事。吾沪商民素明事理，且能信仰军政府一切施设，是为本都督所欣慰。惟恐无知之辈，妄起猜疑。贪利之徒，漫思剥削，特重声明，一体行用。金融灵通即军饷充裕，是则本都督与商民同受其益者也。其各通行毋违。切切，特示。

然而，军钞流通并不是一帆风顺的。不久，上海市面上突然发现有伪造的“军钞”在“欺罔耳目，到处混用，滋歹渔利”。这不免引起人们的惊疑和恐慌，各种流言开始不胫而走，军钞的信用动摇，流通“顿陷阻遏”。沈缦云接到报告，因事关重大，立刻向陈其美汇报，并指示军政府财政司会同治安机构，对“假军钞”（纸币，简称“军钞”）的来历展开侦查。由于作案者十分狡猾，形迹诡秘，侦查线索迷茫。

就在这当口，一件来自湖州军政分府的紧急密函，送到了陈其美的案头。原来，上海的“假军钞”竟已扩散到了浙江地面。一个名叫陈燮三的男子，在湖州以大笔假钞购货，被商号识破，当场扭执报官。据该男子交代，他受人指使，潜来湖州“混用”假钞，已陆续流出一千多元。之前，则与同伙在上海多处作案，经手“混用”假钞逾二十万。而他们那帮团伙的主谋，便是隐居于沪东铁马路（今河南北路，当时属英租界区）钱业会馆对门2007号的陈少春。

这件密函于第二天清早送达，对于陈其美、沈缦云，实在是来得太及时了！经过紧急研究，当即命令军政府的侦缉科员，将案情火速通知“汇司捕房”（英租界所设的沪东警务点），要求对方派人（俗称“西探”）一同前往沪东铁马路捉拿陈少春。凑巧的是，中西侦探一行，半道上恰好与陈少春迎面相遇，逮了个正着。众人来到陈宅，正欲实施搜查，神色阴森的陈少春却掏出一本外国护照，声称自己已入籍英国，依照租界规矩，“非经英领事签字认可，华探不能搜问”。几个西探见情，立马改变态度，主张推延搜查并带走陈少春。军政府的侦缉科员也只得暂且退出陈宅，先去交涉“领事签字”。当天，又凑巧是星期日，驻沪领事团无人办公。转天，待侦缉科员们拿到“签字”，再度进入陈少春住处，哪里还搜得到一星半点“假军钞”的赃迹？

陈其美对此的反应相当果决。他立即以沪军都督的名义，严正照会“会审公廨”（租界审判机关——作者注）：强烈要求会审官“迅将陈少春传案讯明，追惩罪责”，如需陈燮三到堂对质，军政府将随时派员去湖州将其押来。沈缦云又指令所属财政司督促各华商银行“整顿军钞使用”，凡有零散假钞流回银行，一律加盖“伪票”的印戳给予销废，以防再次流入市面。

几天后，鉴于市面上“人心扰动，纷纷兑现，而伪票仍未绝迹”，陈其美拍板：干脆将中华银行已经发行入市的所有“军钞”，全数收兑，停止流通，以“彻底断绝假钞之贻害”。

《申报》、《时报》、《新闻报》、《民立报》等上海知名大报，都在当天以显著版面，刊布了一则由沪军都督陈其美签署的军政府公告。该公告称：“军政府业已饬令（上海）中华银行，自即日起，全数收回其之前发行的所有‘中华银行军用钞票’（纸币，简称‘军钞’）；凡军民人等持有‘军钞’者，‘皆可在中华银行办公时间，前赴兑换现洋，该行当依照各国银行兑现办法，决无留难之理’。”

此公告一出，原先流言纷飞、人心疑惶的上海金融市面，很快风波平息，工商百业的经营交易也日趋稳定。事实上，之前申城坊间关于“军钞”的马路传闻有：“民国元年，陈其美、沈缦云在申城禁治假军钞。”整个事件从风起青萍到基本平息，前后仅十多天时间。由于新政府的当机立断、雷厉风行，一场极可能引发金融动荡，进而祸殃民众、危及社会稳定、毁损新生共和政权公信力的“假钞”风波，得以及时、快速、有效地消弭。它从一个侧面，显示了陈其美这位辛亥元勋的非凡识见与才干，诚无愧孙中山对他的评誉："任事勇锐"，"乃吾党（国民党）健者"。

中华银行在沈缦云的积极运作之下，半数公股已经筹足，但需继续招股，以充实力量。因此，沪军都督府拟特派沈缦云前往南洋各埠动员华侨和工商界认购股份和公债，并给沈缦云颁发出国护照。

庄希泉

沈缦云本拟1911年12月11日由上海出发。队长沈缦云，书记徐久成，会计庄希泉，庶务兼翻译孔文相，职员张益冈、宋仲雄、宋子佩，女职员宋太太。另有职员黄少岩、何永亨二君。后因沈缦云事务缠身，军政各费皆需要他设法筹措，都督虽有照会，但不能即刻远行。军政府即改委派孔天相任代理队长，与庄希泉、颜伯成等提前至12月7日赴南洋各埠劝募中华银行股份。

庄希泉（1888—1988），又名一中，祖籍安溪，出生于厦门。清光绪三十二年（1906）随父到上海经商。初到上海这号称"冒险家乐园"的十里洋场，他觉得新鲜好奇，结交了不少朋友，尤其是在上海泉（州）漳（州）会馆办的"泉漳中学"（后来，庄希泉曾任该校董事长），结识了不少进步人士和革命党人。

一天,会馆中来了一位不速之客,此人面容清癯、目光炯炯,给人一种仙风道骨的感觉。最让人吃惊的是他剪去了辫子,这立刻引起了庄希泉的注意。此人名叫沈缦云,是应邀前来做反清演讲的。在上海,庄希泉目睹了当局的无能和洋人的嚣张,也听了不少反清之士的言论,心中早对革命有了向往之意。沈缦云的演讲,句句说到庄希泉的心坎里。他听后,立即邀请他前往"庄春成商号"做客。庄希泉的聪颖果断、少年老成,很得沈缦云赏识。从此年龄相差二十岁的两人成了忘年交。

辛亥革命后上海光复,庄希泉受上海军政府委托,在沈缦云不能领衔的情况下,率领南洋募饷队赴新加坡等地募捐。

当时只有23岁的庄希泉,为了革命事业的需要,放下了"庄春成商号"的生意,于1911年11月中旬首次来到南洋,为新生的政府募饷。他们到达新加坡后,随即开展向华侨筹款的工作。但起初进展缓慢,收获不大。原因是身为队长的孔天相中饱私囊,在侨胞中造成极坏影响,致使筹款工作难以开展。在这种困难局面下,庄希泉挺身而出,一方面揭露孔天相的劣行,消除由他造成的不良影响,重塑募饷队的

陈嘉庚先生

陈嘉庚纪念邮票

声望；另一面将发生的事情电告上海军政府和沈缦云，并请示如何继续筹款事宜。上海军政府很快回电，撤除孔天相的职务，改由庄希泉任队长。不久，庄希泉找到爱国华侨领袖、福建厦门同乡陈嘉庚。

20世纪初的马来西亚槟榔屿

陈嘉庚是中国同盟会成员，曾为孙中山和光复后成立的福建军政府捐献数十万元。他在听了庄希泉的介绍后，就把新加坡商界的一些头面人物请到怡和轩来，让他们当面听庄希泉介绍。

在介绍会上，庄希泉慷慨激昂的演讲打动了在座每一位华侨商人的心。陈嘉庚对庄希泉的言行十分赞赏，随即号召诸位侨商头面人物谋划援助。侨商们纷纷表示认捐。没几天，陈嘉庚会长所领导的福建保安会，即捐赠援助款银（新加坡银）12万元，广东救济会也捐赠援助款沪银10万元，两笔款项及其他捐款均直接汇到沪军都督府财政部。

庄希泉在新加坡募饷成功后，又带募饷队一行，渡海来到马来亚半岛的吉隆坡，再转到槟榔屿。庄希泉在募饷中，随时抓住机会不放，如获悉太平（即小霹雳）华侨大企业家黄务美来槟榔屿游历，即设法约见黄务美，与他谈国事。黄务美见庄希泉器宇轩昂、一心为公，当即欣然捐款1万元。

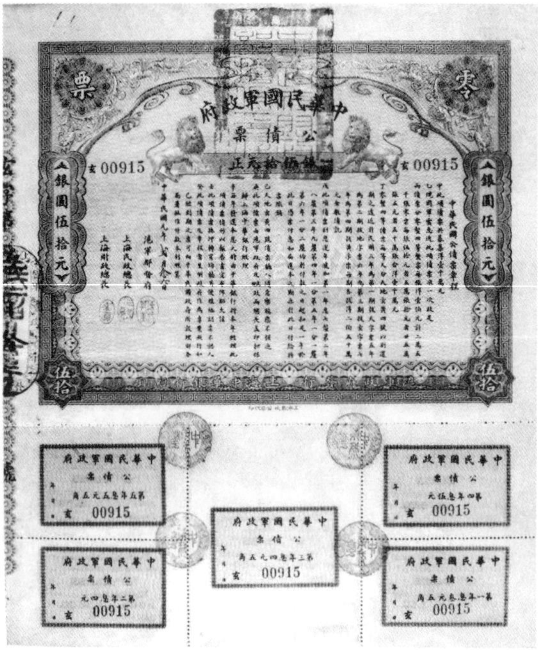

中华民国军政府公债票

在庄希泉的领导下，募饷工作顺利开展，很快就完成了原定的募捐计划，并超出一大截，把几百万元汇回上海。70年后，庄希泉为纪念辛亥革命70周年而撰写发表于《人民日报》的《辛亥革命中的南洋华侨》一文说：“由于同盟会在南洋有那样广泛的群众基础，所以当我们手持沪军都督府写给南洋各地华侨商会和其他华侨社团的介绍信前来求援的时候，得到了许多华侨极其热情的支持。我们很快筹得一笔款，寄给财力匮乏的上海革命政府，以应燃眉之急。”

庄希泉首次奉命下南洋就筹款数百万元，为中华民国的成立提供了必要的资金保证。庄希泉的成功，让沈缦云更加器重这个年轻人。遇到财政大事，常与他商量。后来，孙中山题词称赞沈缦云“功在民国”，这其中也有庄希泉的一份功劳。

第五节　夫人的爱国情怀

在军政府的号召下，上海各界开展了轰轰烈烈的募捐运动：商务总会为上海军政府垫银180万两，其中用作南京、上海、杭州和扬州军饷之款达120万两；并与沪南商务分会一起向殷实商铺“各筹借一千，合成27万（两）”，“缴送军政府应用”。此类由上海商务总会出面替革命军向商家筹借的款项共有300万元之巨。

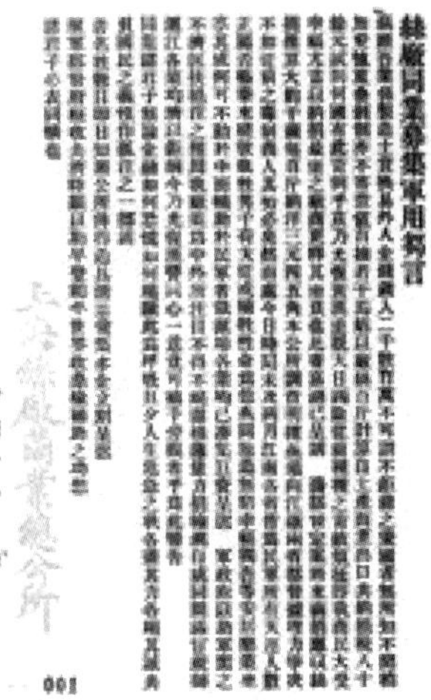

丝厂同业劝集军用饷言

上海缫丝公会劝募军饷通告

此外，上海商务总会的议董和会员，还以多种社会渠道为革命政权筹措经费。如虞洽卿、袁恒之、胡寄梅等成立节费助饷会，号召各业行号捐款助饷；李征五等组织中华民军协济会，作为向民间筹饷的统一机关，旨在“预算北伐经费，以期准备军需，而作民军后援”。商业各行会和帮会都把免税的一部分作为捐款。虞和平在所著《中国现代化进程》中以十分赞许的口吻，明确指出：“上海军政府沈缦云夫人沈钦苓与伍秩庸（廷芳）、唐露园、钱念劬等领导人的夫人积极响应，先后成立了女子后援会、女子协赞

李征五

伍廷芳(秩庸)

会。”沈缦云夫人带头响应军政府的号召，积极支持丈夫的革命事业，体现了她高尚的爱国情怀。

1911年11月29日，午后2点召开女子协赞会成立大会，首先由沈缦云夫人、伍秩庸夫人、唐露园夫人、钱念劬夫人、姚蕙女士、唐金玲女士、吴畹九夫人、王嵩龄女士、程颖女士发起，初级小学校校长程颖女士讲述本会缘起，其简略如下：自武汉起义，民军光复已十余省。以上海一隅之地说起，其安全者，皆民军出死力以御张勋残暴之兵所得来的。要兵精必须饷足，我女同胞既不能尽力战事，则筹饷为应尽之义务。若此时不尽义务，则将来何能安享和平之幸福哉？

接着，由吴王蕴功女士提议本会章程权之应否修改？本次会员担任本埠外埠的劝募者，一时签名十分踊跃。

伍秩庸夫人、唐露园夫人恳请唐金玲女士代表，在发言中说：诸同志热心提倡，得今之成立，惟望坚持此志，尽力劝募，务使达到本会目的。马郭桐先女士、王苏本岩女士、陈魏珩女士相继发表演说，慷慨激昂，在座者莫不为之感动。

出席这次会议者百余人，当即举定伍秩庸夫人为会长、唐露园夫人为副会长,并干事、书记、会计、庶务、招待等职员十余人。到下午4时散会。

1911年11月30日女界协赞会通过《民立报》公布募饷启事(一):

本会由苏浙沪都督府承认,设事务所于上海西门外黄家阙路(即务本女塾校址)。凡海内外女界同志,愿协赞民国军饷者,随时向该处接洽。本会章程与分任职务及各埠劝募会员姓名,列入新闻栏内,务请注意。其收捐处如下:上海务本女塾本会事务所、城东女学校、初级小学校、时报馆、民立报馆、神州报馆、天铎报馆、申报馆、时事报馆、中外日报馆、苏州大汉报馆。又昨日开会时,承各女士热心捐助本会会费,台衔明日续登。

同时,《民立报》又公布女界协赞会募饷启事(二):

自武汉起义,未及匝月,东南各省,相继响应,宣告独立,匕鬯不惊,山河无恙。吾民从此脱除专制,复我自由。凡有血气者,莫不兴起。夫吾民之苦专制久矣。因政体专制,而官吏腐败,民智闭塞,内政不修,外患日迫。

近年满虏更假立宪之名,行压迫之实,如水益深。倘再不图改革之,牛马奴隶之辱,亡国灭种之忧,祸岂在远?吾民不观汉口战事乎?南北两军虽互有胜败,而一为救民,一为残民,已为中外所共见。又如南京一隅,张贼负固不服,未交战而城内店肆已大遭劫掠,居民无辜即被屠戮,一仁一暴,尤可显见。

吾民试静思之，革命成，则前途幸福何限？万一稍挫，其祸又何可胜道哉？是以黎氏在鄂登高一呼，而天下有志之士无不愿牺牲身命，请缨赴义。彼男子之有战斗力者，已尽其义矣。吾辈女子，同处国民之列，将来同食共和之利，兹岂可袖手旁观，一听其成败，而不稍尽其责任耶？

夫战事与善后，无不藉经费，当次百务草创之际，财政尤关重要。然民军以救民为主，万不愿以强力搜掠，此固任事者爱民之心，而吾民更岂可袖手旁观，而不稍尽其责耶？欲稍尽其责任而赞助之，惟有各出其财。省减靡费，节缩衣食，所关者大，无待琐陈。各竭其力，各尽其能，多固有稗，少亦无妨。除钱银外，如首饰、器皿捐助者，亦可变价充饷。更有能力劝亲友，汇集成数，交到本会者，本会即认为会员。集腋成裘，重擎易举。孔氏有言，见义不为，是谓无勇。敬告同胞，尚其奋勇相助，共和乐利，曷其有极？

本会暂设西门外务本女塾内。此启。

《民立报》1911年12月2日第四页，全文刊登了女界协赞会简章：

一、定名　本会定名为女界协赞会，由苏、浙、沪都督府认可办理。

二、宗旨　本会由女界同志组织，以协助军饷为宗旨。

三、办法　集合女同志，分任劝募，职务如左：

（甲）由上海入手，以及内地各乡，各镇，渐次进行，及于各省或海外。

（乙）由会员个人量力捐助及劝募亲戚邻友，或挨户分送编成浅近劝募文，或集会演讲，各随其宜。

（丙）外埠募集之款，每月一（律）汇至总事务所，其详细之报告（姓名及数目），每星期由会计员登报声明一次。

（丁）所募之款略有成数（千或者百），即汇交会计处，由会计员分送殷实可靠之绅商妥为存储，以备军政府之需用。

四、职员　公举正副会长各一人，干事长二人、书记员四人、会计二人，庶务招待员无定额。

五、资格　凡入本会者。皆当尽劝募之职任。

六、经费

（甲）开办费当及公用费，由热心者特别捐助，所有募集军用之款，不复挡人分文，以清界限。

（乙）本埠、外埠出发费，以路程之远近酌给相当之数。

七、规则　一切规则另拟办事细则。

八、事务所　借用上海西门外黄家阙路务本女塾总事务所。

九、会期　本会以十月初八为成立期，以战争终止为消灭期；消灭期，指定清理人清理各项事项，结束一切。

附则　本会暂定简章，诸多草率，热心志士，尚祈随时指教，以匡不逮。

发起人：吴畹九夫人、唐金玲夫人、沈缦云夫人、唐露园夫人、伍廷芳夫人、单厘女士、姚蕙女士、王嵩龄女士、程颖女士。

2011年3月13日《新民晚报》刊载的《1911 女界多英杰》一文着重指出："女界协赞会一方面通过学堂、报社大力宣传募集捐款的重要性，另一方面又在杭州、松江、常熟、嘉兴、无锡、苏州、嘉定、常州等地设立分会，派遣会员分途到各地劝募。不少妇女把自己佩戴的耳环、戒指、金表、手镯等捐献出来。仅上海总会一处,就募得捐款五千元,缴存沪军都督府,指定这批捐款专为北伐军购置军械之用。以后,又募得捐款一万元,公推张昭汉、程颖为代表到南京晋谒大总统孙中山缴纳。其间,还有女教员和女学生百余人排队到沪军都督府要求参军……"

当时,沈缦云夫人、上海竞化女学校长沈钦苓在推动成立上海女界协赞会,为革命募集资金、为军士筹备衣物的同时,又与前上海孤儿院院长张文珠,在竞化女学校组织劝募手工御寒品会,发起本校学生每人编制手套两副、围巾两条,提供给北伐将士的活动。这一举动得到了沪军都督府的高度评价,1911年12月10日《民立报》第五页甚至打出了"不北伐何以对女界同胞"的新闻标题。

《民立报》11月11日第一页,刊登了上海竞化女学校劝募手工御寒会的广告:

本会同人慨念北伐军界为同胞冒此严寒,是以发起赠送围巾及手套等,以表敬慕之意。兹定于本月11日下午二时,在南市上海竞化女学校召开茶话会,筹议晋行之法。务祈女界热心诸同胞,惠临赐教,曷盼祷盼。发起人:张文珠、苏本岩、程颖、沈钦苓同启。

《民立报》12月31日第六页,又刊登了上海竞化女学校劝募手工御寒会开会的报道:

本埠沈钦苓女士等因北伐军士冒雪长征,爰有劝募手工御寒会之组织，广劝女界同胞，各尽义务，共同赞助，或自行制作，或出资购买手套、绒袜等物，分送北征将士，俾咸有挟纩之思。于本日下午三点钟，假竞化女校开会，到会者甚多。由程颖女士报告宗旨，暨王人女士、张廷荣先生等相继演说，并出诸女士所捐赠之手套、绒袜等品，互相传观，以为榜样。当场入会者，甚为踊跃。寄语女界同胞，其有闻风兴起者乎？

随后女子募饷团于1912年1月2日相继成立，并开展了卓有成效的工作。1月6日，上海女界数百人在张园召开音乐会，入场券1元一张，全部所得充作军饷……

除了各类团体，申城各个阶层、各个年龄的妇女都踊跃参与到为革命捐款的行列中。去年最后两个月的《民立报》为我们见证了上海妇女的善举。

1月7日的报纸上提到："民国上海军政府民军获胜后，有某女士至司令部助银五百元。又李君转送隐名氏四百元。"11日的报纸上登载一名为程秋琴的女士不仅捐出一对金环、一枚金戒指，还赠诗一首曰："千针万织苦勤工，积蓄金钗助军功。劝我同胞诸女士，大家灭满戮元凶。扬州十日记伤心，嘉定屠城痛至今。胡虏汉奸齐斩尽，共和速睹快胸襟。"25日报纸刊登有一清苦妇人特地赶往报社捐银两元，自恨有心无力，谨表一点儿心意。12月4日的报纸报道李华书、李明卿姑侄有感于黄炎培在张园劝募的演说，捐出两对金镯、一只金表、一枚金戒指、两个金洋钱。12月30日，又有女士倪汉信、方文治分别捐珠花、金戒助作军饷。同一时期,《民立报》社经常会收到委托他们转交的捐款,如石咏兰、朱金兰两女士以及一徐氏妇人分别烦请转交日元五十元、墨西哥鹰洋十元和银二元。甚至有在沪做工多年的6名女佣,也将平日节省所得一元五角捐给军政府,充作军饷。

辛亥当年,年幼的冰心随同家人从烟台返回福州。途经上海时,上海社会涌动的支援革命的浓烈气氛感染了懵懂的女孩。在母亲的鼓励下,小冰心到《申报》馆捐上了自己积攒了几年的零用钱。这十元钱和上海女性们的捐款一起汇入到了革命事业的洪流中。

《佳木斯大学社会学学报》2001年12月12日第6期刊登了内蒙古大学薛文彦的文章,回忆了当时的情景:在女性志士们爱国热情的感召下,爱国形成了同仇敌忾的革命形势。中国妇女的英勇行为,得到了孙中山先生的高度赞扬:"女界多才,其入同盟会奔走国事,百折不回者,已与各省志士媲美。至若勇敢从戎,同忾北伐,或投身赤十字会,不辞艰险,或慷慨助饷,鼓吹与论,振起国民精神,更彰彰在人耳目。"上海女界的爱国热情及行动,得到了全社会的充分认可和高度赞赏。

第六节　下南洋为军政府筹款

1911年12月5日，沈缦云又以上海财政总长的名义，报请上海军政府同意，指令在《民立报》公布各募捐团体名单："谨承各团体热忱担任募捐军糈，当经本都督府承认为募捐团，除给授照会外，登明各团名于左：广肇公所、光复军第四营梁少文君、林檀浦君、军事募捐团方樵苓君、陈文鉴君、女界协赞会、女子军事团、龙门师范附属小学。余俟与接给照会后，即行续登。"

沈缦云鉴于"南洋各岛义士如林，拟先往内地各处劝募，并赴南洋筹集巨款，以助民军之继续"。为了解决军政府缺少粮饷的问题，身为财政总长的沈缦云，决定请辞财政总长一职，全身心地投入到南洋，向华侨募饷去。可是谁来接替他的职务呢？思之再三，感到他在金融界的同行、上海商务公所会议事机构的朱葆三是合适人选。

从19世纪末开始，朱葆三广泛投资企业，涉及煤矿、轻纺、面粉、轮船、公用事业、造纸、保险等多种行业，范围主要在上海及他的家乡定海一带。1897年，朱葆三成为中国第一家近代银行——通商银行的十大总董之一，随后他又投资四明商业储蓄银行、浙江银行等，由此成为江浙财团早期核心人物之一。他讲信用、乐于助人，在同乡同行中深孚众望，被推为宁波同乡会会长，在洋人中也颇有影响。据说，当时在上海滩上傲慢成性的欧美外交官，对华人从不假以辞色，唯独对朱葆三优渥有加。

1902年，朱葆三担任了中国第一个商会团体上海商业会议公所总董，该所于1904年改组为上海商务总会，朱葆三当上了协理。平时，与信成银行有业务往来。时间不长，便建立了相互的信任。1905年7月，朱葆三等出面宴请美国在沪的官员和商人，要求他们接受废除歧视华工的《华工禁约》，遭到拒绝，上海商务总会即发动实行抵制美货活动，朱葆三代表洋广五金业带头签名，一时引起极大反响。朱葆三由此担任了总会协理，又相继参与了抗议清政府出卖苏杭甬铁路主权、干涉江浙绅民自办铁路事件。在此期间，朱葆三出任上海城厢内外总工程局办事董事，通过一系列商务活动，兴办公益事业和城市建设，推动了上海地区的经济发展。

1911年，清政府皇族内阁成立，宣告宪政运动的破产，朱葆三在沈缦云的影响下，开始与清政府决裂。在上海地区响应武昌起义并进行紧张部署之际，他与商务总会中的一部分绅商悄悄策动清政府军警部队反戈起义。

上海光复后，朱葆三又任上海商务公所会长，他与虞洽卿等工商金融人士组成财政研究会，以上海商务公所为议事机构，作为上海军政府进行财政决策的智囊机构，上海商务公所由此博得了“革命商会”的称号……

沈缦云把自己的想法，对陈其美一说。陈其美先是一怔，既而笑眯眯地说：“你为军政府筹钱款，不辞辛劳，陈某佩服。”在问到人选时，沈缦云胸有成竹地说：“朱夫子堪当重任。”陈其美对朱葆三的才干早有了解，连连说：“好！好！”两人早已相识。并且两人的相识，还是通过沈缦云的介绍。朱葆三比陈其美年长，所以陈其美称朱葆三为大哥，对他尊敬有加。

于是，陈其美选定12月2日，以军政府的名义在张园会议室召开会议，商讨任免事项。

这天，时交下午一点，闸北商团部分会员奉沪军都督的命令排队进入会场，继而是商业学会、书业、珠宝业、米豆业等各商团先后莅临。这时，安垲第洋房的门首以及四周前后，都有护卫严密防守，沪上绅商、学界暨各银行经理均联袂而至。到会者不下千余人。各报馆记者均秉笔以待，适时进行会场采访。

时交三点钟，摇铃开会，这时座客已满，各商团在演说坛的上下复又排班，分翼环列在会议室的两旁加以护卫，秩序整肃，实为沪埠光复后的第一次大型会议。

先由民政总长李平书先生登坛宣告宗旨，并推举伍秩庸为临时主席；上海县民政长吴怀久、闸北自治公所总董沈联芳为临时书记员。在场者都举手表示赞成。

接着，交涉总长伍秩庸登坛任会议主席，报告南京确已光复，城内军界均已投诚。据驻沪英领事接驻在宁英领事电云:“张勋(字少轩)见势不佳,投至领事署求请保护,拟即藏身在那里。英国领事却以严守中立不能容纳相辞,张勋别无办法只得出城逃遁,以后则不知所终。”

“目前所最关紧要者,应继续之粮饷能源源相济,这样才可以扫除张怀芝残军,并乘津浦火车长驱北伐。秩庸本为清国之官,深不愿受政府之束缚,愿为各同胞而担任这个职务,奉劝各同胞速捐纾家财,以助军需。财政总长沈缦云为军政府筹款已及一月,深知南洋各岛义士如林,计划先往内地各处劝募,再赴南洋筹集巨款,以助民军革命之继续。”伍秩庸报告完毕,会场顿时响起一阵热烈的掌声,表达了对沈缦云的敬佩之情。

三点半钟,沪军都督偕同苏州程都督、鄂军总司令黄兴登坛,先公布道歉之词,谓其美今日延请诸君子莅会,未能先到而恭迎大家,因与黄将军、程都督组织他项紧要军务,尚希原谅。黄兴中途出席时,全场一致起立,一时拍手掷帽之声如雷而起,且有跃起大呼、以示欢迎者,良久始止。其人心坚结如此。

李平书、伍廷芳、陈其美、程德全、黄兴等相继演说。

随后,王步云宣读沈缦云辞任的意见书。军政府参谋长黄膺白(即黄郛)又畅谈了自己的感受:“鄙人在参谋之列,办事一月,深知沪上军政府为各省之总机关,如攻伐江宁一役,枪炮、粮饷应接不暇,北伐之军面临的困难很多,均需要立时组织,方可出发,上海实为东南半壁的一大粮台。九月十三日(11月3日),上海光复之后,仅有制造局内存洋三万元,然不能提作他用，这是因为制造局在日夜开工，可以接济各省之军械，这些银洋备作工款尚且还不够。此外，更没有地方能得到现款，因此请在座诸公共谅。若不进行统筹全局，共济时艰，试问，汉族值此存亡危急之秋，而不能接济奋不顾身之将士，此后汉族尚有孑遗者乎？”演说到这里，与会者起立高呼：“无论如何困难，我们都愿意担任到底！”

黄膺白又说：“数日前鄙人偕沈缦云君奉陈都督命令，携洋三万元，赴战地慰劳各军，众将士皆感激涕零，人人愿充前军。鄙人早知其不难指日荡平，今果捷音传来，为在座诸君听所欢闻。但望我汉族众志成城，贫者济力、富者济饷到底，结一坚忍之心，无论袁世凯一般痴心妄想之举动，决不使其阴谋得逞。”在座者都热情欢呼，击掌之声如雷鸣一般。

接着，沪军都督宣告：“上海办理各省接济粮台，赖沈缦云主持已近一月，非常辛劳，为其美所目睹。此时给发照会，请赴内地及南洋招股劝募。而主持财政为行军第一紧要关键。须请大众公举颇有名望者二三人以继其任。”

嗣由，会议公举朱葆三为财政正长，张静江（浙江湖州南浔人，国民党四大元老之一）等为财政副长。到会代表一致举手赞成，当即由书记大书其姓名，并张贴在主席台正中的墙上。

随后，各军政要人相继发表演说。江苏程都督演说：“这次南京光复，将士用命，得奏全功，深盼大家伸出援手，以成全各军士北伐的志向。”

朱葆三

张静江

黄将军又发表演说："汉阳兵工厂本为官场主持，其内容腐败不堪，厂中并无精锐之枪炮。初八自武昌动身，黎都统与众将士坚守省城，极为镇定。今代为转达诸公，请大家放心。"话音刚落，众皆击掌。

袁恒之演说："前数日上海传说汉阳失守，鄙人以为无论地方或有暂时之疏虞，而我汉族四万万同胞之心终不失守，便足以成全大事，恢复旧业。"说到这里，会场响起震天的欢呼声，甚至有人拍手顿足，情绪十分激昂。

袁恒之接着说："上星期日，鄙人偕诸君亲赴南京战场，恰值天寒地冻，目睹男儿健将，身穿单薄军衣，坐卧在风天草地上。余面对之，实属真正惭愧。这些将士置自己性命不顾，在为我大众之同胞而战；我大众同胞，为何要不问不闻而置之度外？静言思之，不觉泪从心起。鄙人曾创一节费助饷会，约同胡季梅、虞洽卿诸君发起，一二日间，即已集得数千元。倘能人人担此义务，各业都发起，何愁军饷之不济哉？花旗银行洋人某君，谓我民心尚不能一致，余叩问其故，即指发辫有剪有不剪之缘由。余以为我同胞尚有一比发辫之剪除更为紧要的事，那是我们中国人向来每以‘意见’二字误尽事机。奉劝众位同胞，此后做事，无论如何，先将意见一层赶紧消除。这样做了则无事不成、无往不利。”众皆鼓掌赞叹。

虞洽卿

叶惠钧演说：“此时最宝贵之机关，在于万众一心。在坛之都督、将军牺牲生命，无非是为我同胞谋一脱离数千年封建专制束缚之羞辱。大家既已经担起这一重任，都会感到寝食不安。我等人民怎么可以漠然不问？务请各位认清形势，赶筹巨款，接济军需，千万不可推迟。倘能将房租捐助数月，这笔钱就会相当可观。”

黄膺白继续演说：“余深知行兵之道：身赴前敌者，为有名之英雄；而接济饷项者，实为无名英雄。如果前敌缺乏接济之来源，虽为有名之英雄，也毫无作用；而无名之英雄，实与前敌功用相同。今商议筹饷之办法，约有三件：西人风俗，男女订婚，互换手上之戒指，奉为一生之纪念。当普法之战，法人奋不顾身，竟将饰物全数充助，更以最宝爱之戒指，捐献出作为军饷。于是军心感悟，愤然大战，得收绝大之效果。今我华人，所藏金银珠宝，实则比西人更多，倘能割爱捐助，实是一件大实事。至于公家团体，都有公积之金钱，无非以备缓急之用。今以天下同胞共负这绝大义务，拟请将此闲积之公款，济助公家之急用。更有小民食力之家，倘能将日用所需，格外节省，只需每人担承一银元，统计数目，亦必在数百位也。”众皆拍手表示赞同。

沪军陈都督陈其美激动地说：“民军本负铁血主义，血我自备，铁则请诸公共同筹划。”会场里，又响起了一阵热烈的掌声。

这时，温钦甫站着演说：“今日之叙会，为推举财政总长，因财政而演说到此地步，俱已透彻无遗，可否即请诸公先为担任？”说到这里，与会者立即纷纷起立，有索笔者、索纸者、口报者、书名者，不及半个小时，顿时筹到四万余元。并有承认劝募者，亦有愿助房租者，踊跃情形，用笔难于书写。

散会时已鸣钟5下，洋房之电灯已经闪亮。程、陈二都督暨黄将军先后致感谢词，沪军陈都督站到主席台中央，脱帽频频挥手致谢，各商团亦排队而散。

《民立报》1911年12月4—5日第五页对大会的召开详细做了报道，并附上从都督府军需科抄来当场书助军糈诸君清单及通告语，一并刊载于后（略九十三个单位及个人名单）：

助捐诸君，请将款项送交四马路慎裕号财政正长朱葆三君收，或送大马路屏号副长郁屏翰君及北京路观音阁码头张恒和账房副长张静江君收，随时掣奉收据。此布。

朱葆三当选军政府财政总长之后，没有辜负沈缦云的重托、新政府的期待，他“兢兢业业，夙夜彷徨，力效驰驱，免尽天职”。

"垂念大局安危,关系至重"。因此他以"毋苛税,毋滥费,毋挠权""三毋"相约受职。任职期间他不为自己开支薪水、车马费用,他所聘之顾问、参议等"亦各同尽义务"。他利用自己的社会地位和良好的商业信誉,奔走接洽,筹集军政费,不遗余力。为解决军政府财政困难,他以私人名义向中外各大银行借款,不出一天,就筹到了200多万元巨款,因此"道台一颗印,不及朱葆三一封信"的民谣,在上海滩上流传开来。

由于朱葆三的积极奔走,上海的经济形势已经明显转好,市民的生活更趋稳定。浙江、江苏等省虽先后宣布独立,但南京(时称江宁)尚为清廷所控制,并驻有重兵,这对东南地区已独立的各省是个很大的威胁。革命党人几次策动南京守军起义均未成功。苏、浙、沪革命党人为了减轻首义之区武汉的压力,巩固东南地区的革命成果,决定联合攻取南京。

浙江都督汤寿潜

徐绍桢

当时,陈其美、江苏都督程德全、浙江都督汤寿潜审时度势,决定共同组织1万多人,11月9日于镇江成立浙江联军,一致推举徐绍桢(固卿)为联军总司令,于右任、范鸿仙等为顾问，马相伯为外交部长，马经武为副部长，沈缦云担任筹款之职，共策攻克南京，解除武汉危局之大计。12月2日，联军进入南京城，南京光复。从此，南京成为一个新的革命中心，为中华民国在南京建立临时政府奠定了基础。

12月25日，孙中山坐英国游轮“丹佛号”自香港抵达上海。沪军都督府派叶惠钧率领的商团承担护卫孙中山的任务。孙中山抵达上海之前，商团原准备全副武装迎接，但遭租界当局阻挠。商团遂派出代表与租界当局会商，商团的谈判代表说：“孙中山先生为民党领袖，不可不予以武装保卫，如果租界当局强行阻止，民军将武装收回租界。”最后租界当局同意商团团员在衣襟内密藏短武器，列队到轮埠迎接孙中山。孙中山下轮船之后，由商团护送到虹口靶子路（今武进路）赵同记宸虹园，下榻爱俪园（俗称哈同花园，由犹太人富商哈同及夫人罗迦陵兴建），由商团日夜护卫。孙中山的抵达，受到黄兴、陈其美、沈缦云、朱葆三等人的热烈欢迎。在回答中外记者的问题时，孙中山宣称：“革命之目的不达，无和议之可言也。”

爱俪园，俗称哈同花园

12月26日，孙中山召集最高干部会议，出席的有黄兴、胡汉民、汪精卫、陈其美、沈缦云、朱葆三、宋教仁、张静江，居正、马君武等，会商组织临时政府方案，一致公举孙中山先生为中华民国临时大总统。宋教仁主张实行责任内阁制，孙先生认为责任内阁不是中国鼎革时所宜实行的制度，但宋坚持，孙中山先生终于勉强同意，并命宋和张继等磋商内阁总理人选。张继主推宋教仁，宋坚决不肯接受，并提议黄兴。黄初不肯接受，宋乃请居正、田桐、吕天民等再敦劝黄兴，黄最后才应允。但此拟案，必须交由南京的各省代表通过，因各省代表原已通过中华民国临时政府是总统制，而现在却要改为内阁总理制。随后，孙中山赴南京再行洽商，叶惠钧率商团随火车护送孙中山。

孙中山像

沈缦云奉孙中山命令，留沪筹措银行基金，作为立国的基石，这次没随队前往南京。可是他随时保持着与南京的联系，随时关注新生的共和国成立的喜讯。

1912年元旦，孙中山就任中华民国临时大总统。这隆重而简单的开国大典，在雄壮的军乐和一百响礼炮声中而礼成。

南京临时政府的成立，结束了中国两千多年的封建专制统治，标志着中国历史上第一个资产阶级政权的诞生。

孙中山在南京就任中华民国临时大总统，委任沈缦云为劝业特派员，同盟会委任他为南洋群岛交际员。缔造维新，振兴实业。恢复后的上海信成银行业务兴盛，颇呈一时繁荣现象。当时，该行基本金共120万元，连公积金10万元，两者共130万元，实力雄厚，拟大加扩充，建议改为实业银行，议定名曰“中华民国信成实业银行”，改订章程，呈请大总统批准，基本金1000万元，先收足500万元，除旧有之130万元，添招股本370万元，以足此数，至其余之500万元，则请政府筹拨公债票，以补足之。

不久，沈缦云具文呈请沪军都督报销，其原文如下：“窃缦云经营革命历有年所，一蹶于湖北唐氏之役，再蹶于香港查没之举，屡经挫折，此志不衰。至近年组织《民吁》、《民立》等报，复一以文学鼓吹。天佑中国，武汉一发难而东南各省次第反正。都督以物望所归，统辖沪军，缦云忝随骥尾，承乏财政，值戎马仓皇之际，当楚歌四起之时，沪军需饷既不可稍

南京总统府

缓须臾，而各地之接济又悉视上海为要枢，军书傍午，无日不有。缦云罗掘俱穷，勉支危局，任事匝月，无一时一刻不在惊涛骇浪之中。所以能免于陨越者，幸得常从缦云所经营之信成银行中挪借巨款，而信成银行之所以能贷于缦云者，因有前清沪道公款26万余两存于该行之故，燃眉暂救，非能久假不还者也。侧闻光复以来前清帑贮系入公家，当缦云交卸财政，则思具呈钧座，请将前清沪道存于信成之款与缦云挪借之款相抵，以免债负。乃甫卸财政，即承江苏都督委任为通阜司正长，粟六奉公因循未果。兹闻启节因公来宁，用敢详述前情，呈请察核，伏恳查照。缦云此项挪移之款事属因公，免其赔累，准将前清沪道存款作抵，曷胜感祷待命之至。"

经沪军都督陈其美批示于后："据呈已悉。该财政长经营国事，夙著热心，擘划财政，尤能勉为其难，殊无听其因公赔累之理。惟所请以前清沪道存款作抵一节，查沪道存款关涉赔款，现道署各项契据均由领事团收执，矣将来收回后再行查明核销也。"此款尚未落实。

不久，各国驻沪领事团便把26万余两作为赔款提取了，信成银行无法扣留。由沈缦云通过信成银行垫付给革命的资金无法追回。由于资金缺乏，信成银行无法正常运转。

1912年2月10日，孙中山给沈缦云信（沈缦云的孙儿沈云荪收藏）："缦云兄鉴：前由兄代收之款，已忘记从何处汇来。兹乘陆文辉君出沪之便，特托其查问，并祈收入银部，交他带回为荷。孙文。中华民国元年二月十日。"

此信为孙中山先生就任临时大总统时所书，签署日期为中华民国元年二月十日，收信人为上海沈缦云。信中“兄代收之款”，系指代收筹集公债之款。民国元年元旦，孙中山先生任临时大总统后，特委沈缦云为劝业特派员兼驻沪理财特派员，劝募南京临时政府发行的“中华民国军需公债”。

该款公债于民国元年正月八日经南京参议院议决，由临时大总统批准发行，定额一万万元。又云“从何处汇来”，按辛亥革命光复上海时，成立军政府，嘱由财政总长沈缦云迅筹款项，组织中华银行，维持市面，流转金融，议定章程中规定：“本银行兼有中央银行性质，经理国家所入一切税赋饷项。”民国元年，南京临时政府在上海经募的公债款项均由中华银行代收汇入银部(财政部)。所查问的是款项来处，或系海外爱国华侨认购的公债款项从何处汇来。

信中所称陆文辉者，是南京临时政府总统府会计科长。据1981年5月10日沈云荪《孙中山先生手简考释》，1912年3月3日，孙中山先生给沈缦云的信中说：“执事诸君以信成银行拟改为实业银行，创实业金融机关，以资流通挹注，热心盛举，弟极赞成。辱认弟为总董，职任甚重，而弟为东西南北之人，何以克称，若以同情之末，许为名誉之员或庶几耳。”唯此举倡议较巨，筹备多时，未能实现。

1913年10月28日，上海信成银行股东会上，该行查账员江幼安报告说：“据第七届账略观之两数相抵固属有盈无绌，但细完内容，贷出各款或以少押多，或无信滥借及烂账，或以

武汉国民政府旧址

已经破产等类，盖居贷出款中之二三，而沈协理缦云自欠及经手323000余两，并洋67000余元犹未计焉。”1914年秋，信成银行因资金匮乏而停业，各地分行也相继停业，致使沈缦云受累。这是后话。

1912年4月1日，孙中山先生为求国内及早得以和平，舍政治而从事实业，研究实业建国计划，并以开办金融机构为实施实业计划的基础。孙中山先生与一部分同盟会会员发起组织中华实业银行。初议拟将上海信成银行扩充改办，在中华实业银行招股简章中载有：“惟当实业银行创始之际，原禀拟就商办之信成银行基础，扩充改办。兹经同人公议，一切手续，仍须俟股本招集以后，讨论利弊，再行议决信成与实业之归并或分立办法。”随后前去武汉、上海等地，实地考察，做调查研究。

《民立报》1912年4月15日随即报道：“孙中山在武汉盘

民国初期的上海

桓三日，于4月12日午后，与其子女、宋庆龄之家，乘联鲸兵轮从武汉下驶，翌日午前9时半抵安庆，与孙都督晤谈。12时船行，直驶上海，在宁未尝停泊，于翌日午后5时半抵沪。船泊高昌庙制造局，局中人以未得消息，不及供张，遂拟电陈都督。孙中山止之，旋自雇马车，与从者偕赴三马给客利旅馆住宿。延见宾客，则在汇中。本拟即日赴粤，惟招商轮昨早已开赴香港，次当发者乃泰顺号轮。而泰顺正在制造局船坞修理，非迟三四日不能行，故中山先生不得已而滞沪也。”

4月16日午后5时，孙中山特至《民立报》社参观，并与该社社员讨论新闻事业，沈缦云与之同来。该社社员设茶话会，先由于右任代表全体致欢迎辞。孙先生出席致答，《民立报》1912年4月17日全文刊载了答词："此次革命事业，数十年间屡起屡仆，而卒观成于今日者，实报纸鼓吹之力。报纸所以能居鼓吹地位者，因能以一种理想普及于人人之心中。其初虽有不正当之舆论淆惑是非，而报馆记者卒抱定真理，一往不渝，并牺牲一切精神、地位、财产、名誉，使吾所抱之真理，屹不为动，作中流之砥柱。久而久之，人人之心均倾向于此正确之真理。虽有其他言论，亦与之同化。惟知报纸有此等力量，则此后建设，关于政见政论，仍当独抱一真理，出全力以赴之。此所望于社中诸君子者也。"话毕，全场响起了热烈的掌声。

4月17日，中华实业联合会，借张园安垲第欢迎孙中山先生。上海各实业团体及华侨资本家、各省实业家，并本埠工商勇进党、商会诸团体，次第到场，约五百人。至11点钟时，中山先生暨陈英士都督、前财政总长沈缦云、总统府秘书长胡汉民君先后莅临。由主席程定夷延入座次。

军乐齐奏，由代表张叔和宣读欢迎词，复由会场全体公推孙中山先生为实业联合会正会长，又由全体公推杨杏城、程定夷二君为副会长，一致赞成，欢声若雷。

觥筹交错之间，孙先生起立演说，大致谓："中国乃极贫之国，非振兴实业不能救贫。仆抱三民主义，以民主为归宿：即是注重实业。故推倒满清政府，民族主义已达；改良专制政治，民权主义已伸；至于民生主义，非以社会主义行之，不能完全。然此义人多未明，以致有从而反对者……盖一国之

民国初期的厦门

财力有限，合各国之财力，则力量甚大矣。仆既承贵会举为会长，敢勉尽义务。但仆之宗旨，在提倡实业，实行民生主义，而以社会主义为归宿。俾全国之大，无一贫者，同享安乐之幸福，则仆之素志也，云云。”语毕，会场鼓掌。

在国民党组建的同时，中华实业银行也处在紧张的筹备之中。孙中山在上海召开中华实业银行创立会，正式成立中华实业银行股份有限公司。孙中山为名誉总董，总行设在上海，在新加坡设立南洋总分行。会议选举沈缦云任筹备主任，庄希泉等当选为筹备委员。

中华实业银行计划募股1000万元，在国外募股500万元。由于数额巨大、任务艰巨，孙中山让沈缦云领队到海外招股。

鉴于沈缦云“南洋各岛义士如林，拟先往内地各处劝募，并赴南洋筹集巨款，以助民军之继续”。

1912年5月1日，沈缦云偕梁少文、庄希泉、吴松溪、王篝农等8人，再次踏上前往南洋招股筹款及劝募公债的航程。

沈缦云等道经厦门时，商会总协理叶心镜、黄世金，坐办郑霁林等开会欢迎，公认银行股份50万元，绅商庄赞周（庄春成行主)认股10万元,卢用川认股10万元,庄银安认股5万元。后经过汕头时,极承该地商会欢迎,巨商沈开榜(怡和洋行)、赵唯水(福昌洋行)各认股5万元,并愿做发起人担任招股数10万元,绅商谢鉴泉、沈凤石亦热心提倡,愿做发起人,并将亲赴新加坡等处协助代募股款。

5月14日,沈缦云等一行到达南洋新加坡,因该埠新旧两商会正在为合并事发生纠纷,故先赴槟榔屿劝募。由槟屿侨商黄金庆、陈新政等欢迎招待,槟城商会认股30万元,巨商吴世荣自认10万元。继至缅甸仰光,该埠侨商对于祖国实业非常热心。同盟会会长杨子贞、商会总协理林振宗(航海业)、李春荣、大资本家曾妈庇(种植业)等尤竭诚赞助,认股共达70万元之巨。

据沈缦云发电云:"七月七日,偕庄君希泉、王君箦农等来缅甸首都仰光,抵埠后,即由商会总协理及同盟会全体至

20世纪初的新加坡

码头迎接,商会总协理林君振宗、李君春荣、坐办沈君秋山并招待至商会居住,仰光商会认股50万元,同盟会认股20万元”等语。离仰光至太平(小霹雳),侨商黄务美自认5万元外,允为代招股20万元。继至怡保(大霹雳)侨商区慎刚、郑螺生、杨寿楠、李源水等开大会欢迎,当场认股30万元。继至吉隆坡,侨商陆秋杰、陆秋泰、叶隆兴、杨达三等踊跃赞助,并由商会认股50万元。继至芙蓉,侨商谭扬、邓泽如等甚抱热忱,既自认巨股,又代招数万元。继至马六甲,侨商曾江水、沈鸿柏、吴万里、曾混清、梁朗文等会同该埠商会认股20万元。沈缦云等所到之处,各埠侨胞都极为欢迎,认股踊跃,统计达250万元之巨。

沈缦云复返新加坡,星洲书报社开欢迎会,特请沈缦云

缅甸仰光

演说，略谓："我中华开化最早、文明最著，近由君主而为共和，人人皆得自由之权，尧舜何人，文王我师，有为者亦若是而已，惟天既赋我以独优之点，则吾辈应筹一酬报之策，俾不虚负此生，酬报之策维何？则如鄙人向所称群以爱国为前提是矣。鄙人历游南洋各埠，深悉侨胞之爱国热度甚高。去年之助保安捐，今岁之输国民捐，皆爱国之发于中心者。鄙人此来系为招募中华实业银行股份。从前吾国金融机关大都操于外人之手，即现在南洋各地将有外人设似是而非之银行，取吾侨胞大资本家存放之款，以重利贷与吾无资本之侨胞，日缩月削积少成多。若吾等能自设银行，则可祛除此弊，至实业之待兴，尤属急不容缓。前清时代筑路借款，开矿借款，损失利权，皆坐不能自设伟大之实业机关所致。故此举一成，不特国内实业可以一一振兴，即吾侨胞海外之经营亦可借资扶助共和盛业，端在此举。我新加坡同胞夙抱爱国热心，想定能共赐赞助，勿使他埠美于前也。"新埠侨商沈子琴、陈祯祥、曹寿山、留鸿石、邱国瓦、黄和水、黄则钗、蔡嘉种、王金炼等共认股60万元。由于南洋各埠侨商踊跃认股，特在新加坡设立中华实业银行南洋临时总机关，举定南洋各埠董事，公推陆秋杰为驻所办事总董。

沈缦云抵新加坡时，接北京工商部电委调和新加坡新旧两商会合并事宜。其起因是民国初立，南洋各埠原设团体进行改组。而新加坡中华商务总会早已设立，今有华侨总商会之创立，则新旧商会并立一埠，因此发生纠纷。始有同盟会指派林顺义、林文庆、陈祯祥3代表负责调和事务，因两商会的意见未能一致而告退辞。后请吴世荣、王少文、郭渊谷3人为调解人。不多时，吴、王、郭3人因有事离开新加坡，第二次协商暂告搁浅。

此次，沈缦云接工商部指示云："该埠商会争执一案，本部以一埠不能设两会，已分令从速妥议归并，望再调停，冀其联合。如再坚执，势必取消其一，以息争竞，希共同劝解，并盼电复等因。"沈缦云即召集中华商务总会正副总理廖正兴和张善庆，同华侨总商会正副总理沈子琴和刘鸿石进行恳切的商讨。两商会协商以大局为重，不久，合并在原则上已经取得同意。由于沈缦云即将回国，故具体条件由两商会自行共同协商。是年10月21日，沈缦云和庄希泉等一行人束装归国。

沈缦云从南洋返国抵沪后，上海商学各团体于10月29日下午2时，借南市新舞台开会欢迎，公推上海总商会会长周金箴（号晋镳，浙江慈溪人）为临时主席。沈缦云在会上报告南洋招股情形并略谓："承中山先生劝业特派员之命，至南洋各岛招实业银行股份，各处均受欢迎。招股手续甚见圆满，总数已达430万元。华侨对于祖国之热心已极。清政府屡屡失信，以至热度渐退，而一路考察情形，富庶实为全球之冠。鄙人之发起实业银行者亦思挽回利权，操纵金融，将从前已失之信用完全回复，则鄙人所祷祝也。"

经过多方努力，在不到3个月的时间里，沈缦云和庄希泉一行就募股600万元，提前超额完成了海外招股500万元的任务。对二下南洋，庄希泉晚年曾留下简洁笔墨：

新加坡侨商陈楚楠

新加坡华侨陈楚楠，在孙中山组织多次武装起义的时候，曾从经济上给予接济。当我们一行到达新加坡以后，他又和张永福、陈金伟等人多方奔走，帮助宣传、劝募。在吉隆坡、槟榔屿、仰光等地，各阶层华侨踊跃认股，其中在组织筹款方面最有力的有陆秋杰、陆秋泰、吴世荣、陈新政、邱明昶、庄银安、徐赞周等。

当时，由于当地殖民政府有不准华侨捐钱汇款援助国内革命的规定，华侨就以“赈济家乡父老”“维持故乡治安”等名义来捐资。所以，筹款支持祖国革命的机构有的名叫“保安会”，有的称为“救济会”。正如抗日战争时期华侨筹款支持祖国抗战的机构一般名叫“筹赈祖国难民会”一样，我们为“中华实业银行”招募股份仅仅几个月，各地华侨就认股500万元，并且按要求先付股款的十分之一（即50万元）。华侨支持祖国革命的爱国热情，给我留下难忘的印象。

1913年5月15日，民国建立后的第一家银行即中华实业银行正式开幕。因上海信成银行的纸币上印有清朝王爷的肖像，影响了信誉，未与该银行合并改办。孙中山先生任该行名誉总董，公举沈缦云为总经理，马来西亚华侨吴世荣（认

上海张园

股10万元)为协理,席缙华为经理。总行设于上海江西路B字9号。这是国内民族资本与南洋华侨合资创办的第一家银行,另在新加坡设总分行,陆秋杰为南洋驻行办事总董,24岁的庄希泉为副总董(协理)。中华实业银行南洋总机关暂借新加坡中华商务总会开办分行一切事务等。为办理中华实业银行新加坡总分行,庄希泉留在新加坡,在金融战线上襄助革命,同时广交华侨,推动他们认识并支持祖国的革命事业。

第五章

"二次革命"前后的沈缦云

第一节　是谁暗杀了宋教仁

1913年3月，中华民国第一届国会选举基本结束，在宋教仁的主持经营下，国民党取得重大胜利。众议院议员596人，国民党得269议席，共和党得120议席，统一党得18议席，民主党得16议席，跨党者得147议席，无党派26席。参议院议员274人，国民党得123席，共和党得55席，统一党得6席，民主党得8席，跨党者38席，无党派44席。国民党在参、众两院870议席中占有392席，虽然没有超过半数，但由于共和、民主、统一三党加起来只有223席，国民党依然可以凭借其绝对优势影响、操纵参、众两院。国民党的选举胜利，

上海的老火车站

进一步抬高了宋教仁的政权预期和政治热情。

宋教仁

黄兴

就在国民党人欢庆胜利，人民憧憬美好的民主之梦的时刻，一个罪恶的阴谋已经形成。

廖仲恺

1913年3月20日晚10时45分，上海火车站，一辆开往北京的列车升火待发，月台上人影憧憧、旅客如潮。应袁世凯急电相邀，北上共商国是的国民党代理理事长宋教仁，在黄兴、于右任、廖仲恺等友人的陪同下，从车站特设的议员休息室出来，大家有说有笑地向检票口走去，正准备检票，突然，身后传来一声沉闷的枪声！接着，又“叭、叭、叭”连响数枪。只见宋教仁弯下腰来，捂住中弹的肚子，对近旁的于右任痛苦地说道：“有人行刺我！”原来，刺客就在宋教仁身后不到十步处。第一枪就击中了宋教仁的腰部！宋教仁一边呼救，一边踉踉跄跄，向前挣扎了几步，躲过了刺客后来击发的几枪。送行的人们一边七手八脚地将他扶上一辆汽车，送往就近的老靶子路（今武进路）沪宁铁路医院急救，一边呼喊巡警抓捕凶手。

听到枪声，车站上顿时大乱。为防追捕，刺客赶紧趴伏在地，又接连朝左、右两个方向放了两枪，以制造混乱与恐慌。随着两声清脆而刺耳的枪声呼啸着在空中掠过，凶手一跃而起，箭一般地迅速逃窜。

奇怪的是，往日夜班车必有警察巡逻的车站，此时却找不到半个巡警的身影。凶手身材矮小，逃跑中在光滑的地面上摔了一跤，但他顾不得疼痛，迅速爬了起来，飞也似的朝站外狂奔而去……

此时，医院正忙碌着。经检查，子弹由宋教仁右腰射入，伤及小腹与大肠，逼近心脏，伤势十分严重。医院组织医术高明的医生立即实施手术，取出枪弹。术后虽注射了止痛药，但宋教仁仍痛不欲生，辗转呼号，令人惨不忍闻。他自认为"从未结怨于私人"，实在想不出遭致何人暗算，呻吟中不由得连声叹道："罢了，罢了！惜凶手在逃，不知误会吾者为何许人？"

疼痛稍止，他便授意黄兴代拟致民国临时大总统袁世凯电文一封。文中他自感伤势过重、"势必至死"，只是"今国基未固，民福不增，遽尔撒手，死有余恨"，因此希望袁世凯能够开诚心、布公道，竭力保障民权，俾国会得确定不拔之宪法，则虽死之日，犹生之年。临死哀言，以三事奉告："一，所有在南京、北京及东京寄存之书籍，悉捐入南京图书馆；二，我本寒家，老母尚在，如我死后，请克强公及诸故人为我照料；三，诸公皆当勉力进行，勿以我为念，而放弃责任心。我为调和南北事费尽心力，造谣者及一班人民不知原委，每多误解，我受痛苦也是应当，死亦何悔？”

袁世凯

袁世凯接电以后，很快就在当日10时左右回电，“上海宋遁初先生鉴：阅路透电，惊闻执事为暴徒所伤，正深骇绝。顷接哿电，方得其详。民国建设，人才至难，执事学识冠时，为世推重。凡稍有知识者，无不加以爱护。岂意众目昭彰之地，竟有凶人，敢行暗杀！人心险恶，法纪何存？惟祈天相吉人，调治平复，幸勿作衰败之语，徒长悲观。除电饬江苏都督、民政长、上海交涉使、县知事、沪宁铁路总办，重悬赏格，限期缉获凶犯外，合先慰问”。

接电不久，宋教仁的亲密战友沈缦云、朱葆三等急急赶到医院，来到宋教仁的病床前，见他醒了过来，正以为他好些了，哪知又发生了呕吐。于是，又请了两位医生给宋教仁会诊。会诊以后，医生提出了剖开腹部、认真检查、及时修补的意见。于右任等人商量后，认为宋教仁与其不治而死，不如听从医生的意见。这样，在3月21日下午两点，医院又为宋教仁动了第二次手术。医生切开腹部，取出大肠，才发现肠壁已被枪弹打穿，肠中食物正在不断地溢出肠外——这是他倍感疼痛的主要原因。大肠外的血，却又随着肠壁的裂缝进入肠内，这又造成了大小便出血。医生将破裂处的血块洗净,又缝合了伤口。整整1小时50分钟,手术才算结束。

在手术时,医院内外到处是人。沈缦云与大家一样,关心着这位年轻有为、以天下为己任的革命者,期待他能够驱除死神的威胁,继续战斗下去。

下午5时,宋教仁又一次醒过来,并频频叫痛。8时多,伤情再次加剧,大小便流血不止。到了入夜12时,医生已流露出绝望的神色,对众人宣称:“宋先生的肾脏也已因枪伤而发炎,流血又过多,恐怕……”在医院照顾的人都感到异常心疼。

至22日凌晨3点,宋教仁已手足冰冷,呼吸越来越急促,但神志却异常清醒。他的私人秘书刘君白见病情危急,急忙请来医生,又给刚刚回家的黄兴、于右任、沈缦云去了电话。

不多时,黄兴、沈缦云等人一起赶到医院。黄兴凑到他耳边轻声地问:“痛吧?”宋教仁挣扎着说:“现在,不痛了。”又对刘君白道:“刘先生,我的话都已跟右任先生说了。我死后,请跟右任先生商量。”

宋教仁和他的战友们

当刘君白再问他还有什么遗嘱时,宋教仁已气息奄奄,几不成声,边喘气边说:“我已将死,还有什么话说?”突然,他双目圆睁,环视着床前诸友:黄兴、范鸿仙、陈其美、沈缦云、于右任、居正、周锡三、曾镛……目光渐渐暗淡，但却流露出无限依依不舍之情。

黄兴见他痛苦的情态，含着泪俯到他耳旁说："遁初，你放心去吧！"宋教仁终于咽下了最后一口气，但死后仍双目直视，双拳紧握。1913年3月22日凌晨4时48分，宋教仁因抢救无效与世长辞，年仅31岁。黄兴侧着身几次以手抚他的双眼使其瞑目，然少顷又圆睁如故，至临殓时才瞑。

1913年中华民国国会大选，国民党大获全胜，宋教仁正欲循欧洲"内阁制"惯例，以党首身份组阁之际，却遇刺殉难，举国震惊，群情激愤，纷纷要求尽快缉拿凶手，特别是黄兴、陈其美、沈缦云等同人志士，更是怒发冲冠，发誓报仇雪恨。

这一激起全国强烈反响的谋杀案究系何人所为，社会各界也陷入迷惑，纷纷猜测不已。有人认为此案因党争而起，矛头指向其他党派；有人推定此乃宗社党所为，企图通过这种残暴手段恢复清廷皇权统治；也有人猜测与袁世凯有关——可袁世凯刚一接到宋教仁被刺的消息，就义愤填膺地说道："岂意众目昭彰之地，竟有凶人敢行暗杀，人心险恶，法纪何在？"并大骂刺客"何物狂徒，施此毒手"，当即通令全国"重悬赏格，缉凶归案"。

回到自己府上以后，沈缦云的眼前仍清晰地浮现着宋教仁痛苦呻吟的惨状，不由双拳紧握，仰天长啸："遁初，是谁暗杀了你？你绝不会白死！"可是凶手在逃，真相莫明，整个案情以及隐藏在案情背后的一切，顿时变得扑朔迷离。同为肉体之躯的生命，某些个体的存在与失去，犹如一粒尘埃的飘浮与落地，显得微不足道；而另一些重要人物的健在与离世，会给某一群体、民族、国家造成巨大的震撼与深刻的影响，甚至会改变某一时段的历史进程与发展走向。

这时沈缦云清醒地认识到，不论凶手是谁，宋教仁的遇刺身亡，对当时的第一大党——国民党来说，是一个无可挽回的重大损失；同时对正在急剧转型的中国而言，则严重阻碍了民主的发展进程，使得本可脱胎换骨的古老国度，失去了一次千载难逢的机会，只有无可奈何地依旧背负着沉重的专制盔甲，蹒跚前行，离本真意义上的民主政体和法治国家愈来愈远……

一声沉闷的枪响，一颗罪恶的子弹，不仅中断了宋教仁的生命，也打碎了无数仁人志士美好的民主梦想。

第二节　奔走呼告，坚决反袁

宋教仁被暗杀，舆论哗然，孙洪伊在众议院严词质询，使袁世凯处境极为狼狈。袁为剪除革命武装，扩大自己的实力，向五国银行团商洽善后借款2500万镑，以盐税、关税作为抵押，把国家重要财权给予外国人监督和稽核，孙洪伊对此提出反对案，袁世凯非常恼火。

无论出于何种目的，社会各方都希望尽快侦破宋教仁被刺一案。案件发生时，孙中山正在日本访问，他闻讯后当即发出急电："望党人合力查明此事原因，以谋昭雪。"黄兴、陈其美、沈缦云等各方联络，致函上海公共租界总巡卜罗斯，悬赏万元缉拿凶手；江苏都督程德全、民政长应德闳通电全省各地官吏，协拿凶手，限期破案；沪宁铁路局认为凶案发生在火车站内，有损铁路局声誉，也主动拿出5000元赏金缉凶。

随着侦破工作的有力开展，原本扑朔迷离的案情真相，如剥笋般逐渐展现在世人面前：身材矮壮、满脸横肉的凶手——原清军武官、山西人武士英被抓。可他并不认识宋教仁，也不知道所杀的是何人，只是流落上海生活无着，为了1000元大洋赏金，按他人提供的照片杀人，如此制造了震惊天下的"宋案"。一番审讯之后，武士英很快就供出了主使人——江苏驻沪巡查长、中华共进会会长应桂馨。

应桂馨（？—1914），名夔丞，为上海流氓帮会头子之一。1911年11月，由于参与上海会党军警起义，因此上海光复后任沪军都督府谍报科长。孙中山就任民国临时大总统时，曾任南京临时大总统府庶务科长。孙中山发现他品性不佳，为人奸诈阴险、骄横跋扈，遂将其撤职。此后，应桂馨便来到上海谋职。“宋案”发生后上海租界巡捕房紧急搜查了位于法国租界的应桂馨住宅，在一无所获的情况下，一位名叫周南陔（1893—1967）的警探灵机一动，以计谋骗得应桂馨一名小妾的信任，从一个藏在墙角洞穴中的小箱内，获得大量极其重要的信件与电报。令人吃惊的是，这些电报、信件竟与北京政府有关，牵涉到国务总理赵秉钧、国务秘书洪述祖——此两人乃袁世凯心腹。

事关中国政局，缉查此案的巡捕房不得不慎之又慎。但无可更移的确凿证据足以证明“宋案”确与国务院相连，且临时大总统袁世凯也有推脱不掉的责任与无法洗清的嫌疑。

消息传出，举国哗然。孙中山再也无法安心开办实业、修造铁路了，宋教仁遇刺，凭直感，他觉得此案与袁世凯有关。于是他马上从日本拍回一电报：“闻循初死，极悼。望党人合力查明此事原因，以谋昭雪。”第二天便结束日本访问提前回国。3月25日，他抵达上海，亲致挽词：“作民权保障谁非后死者；为宪法流血公真第一人。”

当天召开国民党高层干部会议，孙中山认为：“事已至此，只有起兵。因为袁世凯是总统，总统指使暗杀，则断非法律所能解决，所能解决者只有武力。”宋教仁遇刺时，黄兴就在现场，当时一气之下，就想以同样方式予以还击，用暗杀手段对付袁世凯。后来冷静下来，觉得已是民国时期，国家进入法治时代，不能轻易动用武力，应按法律程序解决。

在这场政治风浪中，沈缦云旗帜鲜明地站到了正义的一边。他与国民党上海分部副部长朱葆三、王一亭，当即联名致电袁世凯，要求整治吏治，保护人民，饬令缉凶，严肃法纪。

4月13日，国民党上海交通部在张园举行追悼宋教仁的大会，朱葆三担任大会职员。在会上发言致悼词的有沈缦云等三十余人。沈缦云在演讲中明确指出：“政府杀人，其罪恶较盗贼万倍。”“杀张（振武）方（维）是明的，杀宋遁初是暗的。”他还辛辣地指出：“兄弟欲要求交通部一事，将挽联保存，因为吾党继宋遁初死者将不乏人。翌日即可以挽遁初者赖之，鄙人深知继遁初而起者亦什伯而未知已也。”

4月16日，应桂馨、武士英两犯由租界引渡到中国上海司法当局，所有与案情有关的证据全部移交。对于如何妥善处理和解决“刺宋”一案，国民党内部分歧很大，出现了两种截然不同的意见。此时的孙中山，可谓完全看清了袁世凯集权独裁的真实面目，认为靠法律无济于事，只有迅速组织军队，通过武力夺取政权，才能解决根本问题，他说：“若有两师军队，我当亲率北上问罪。”而以黄兴为首的大多数国民党人则认为，一旦开战，列强就会乘虚直入再次瓜分中国，况且国民党与袁世凯的北洋军队相比，实力远远不及。会议一次次地召开，双方认识不同，各执一端，也就无法制订具体而有力的应对对策。

4月17日，国民党上海分部又借南市新舞台集合公众悼念宋教仁。与会者2500余人，追悼会由沈缦云、陈其美、王一亭三人主祭。首先由陈其美对宋教仁的生平及案件做了报告，接着沈缦云进行了演讲，谓："诸君要知暗杀宋先生非武士英，亦非应桂馨也。武受唆于应，应受唆于洪述祖，洪又受唆于人。今杀吾民之大奸不杀，论公理何以对同胞？"沈缦云以极其犀利的语言将矛头直接指向杀害宋教仁的真正元凶——北洋军阀的最高层。作为一个民族资本家，其言语、其行动、其胆识无不体现了一个真正革命家的风范。在革命

宋教仁墓

形势发生逆转的情况下，沈缦云仍能坚持真理，义无反顾地倒向革命一边，其勇气不得不叫人佩服。

在黄兴、陈其美、沈缦云等人坚持下，上海地方法庭决定于1913年4月25日公开审理“宋案”。

然而，就在开庭审理前一天，凶手武士英竟在严密的监护下中毒身亡。凶手目的昭彰，显系杀人灭口，以掩盖真相、干扰司法。本已明朗的案情急转直下，再次陷入迷雾与僵局之中。

当天晚上，程德全、应德闳将“宋案”案情侦查情况及相关证据通电公布。《民立报》、《国风报》、《国光新闻》等全国报纸闻风而动，纷纷发表文章，称北京政府为“万恶之政府”，抨击“政府杀人，政府暗杀人”。一时间，全国各地因刺“宋案”的激发，变得动荡不安。

“宋案”发生以后，国民党内部在如何处理袁世凯的问题上发生了严重的分歧。作为国民党最高领导的孙中山主张以武力解决，并旗帜鲜明地指出：“要明白宋教仁之被杀，亦非一人之事，除从速武力解决之外，实无其他办法。”而作为国民党的另外两个重要领导人黄兴、陈其美，以南方各省内部不统一、军队力薄，对讨袁缺乏信心为由，主张法律解决。认为：“法律非无效力。”对此“宜持以冷静态度而待正确之解决”。并说：“南方武力不足恃，苟或发难，必致大局糜烂。”据孙中山后来说：“彼此主张已极端冲突。”

此刻的沈缦云奔走呼告，坚决反袁。但对于国民党内部的分歧,沈缦云无所适从,只好缄口不言。不久,袁世凯与五国银行签订了丧权辱国的“善后大借款”合同,为武装镇压革命做好了经济上的准备。同年六月,袁世凯撕破虚假的面具,下令免去江西督军李烈钧、安徽督军柏文蔚以及广东督军胡汉民的职务,并全面展开对国民党的镇压。袁世凯狰狞的面目终于使国民党内部的温和派幡然悔悟,准备以武力对抗袁世凯的讨伐。

7月,黄兴宣布在南京成立讨袁军总司令部,自任总司令。陈其美任驻沪讨袁军总司令,而“一切开支,暂由陈其美、沈缦云筹划”。由于陈其美忙于军事,筹措军费的重任便责无旁贷地落到沈缦云的身上。

沈缦云担任上海讨袁军筹饷重任之后,积极奔走,多方筹措,尽力去满足繁重的军饷所需。但是,军队所需浩繁,沈缦云虽已尽力为之,可军饷犹然不足。陈其美仍多次致函沈缦云索取款项。

沈家保存的一纸陈其美致沈缦云的函中曾载:“缦云先生赐鉴:为制造局事,和平谈判,至无再三,尚难决定,实令人忍无可忍,容不能容。现已与袁兵约,如至今日下午六时再无确切答复,定以武力解决。惟需款项甚急,仍须仗为筹济五万元急用,切祷切盼。晚陈其美谨启,七月二十日。”沈缦云接信后,全力筹措,以济眉急,表示破釜沉舟之决心。

沈缦云除要为反袁的革命军队筹措军饷以外,还肩负着另一重任——说服上海的民族资本家加入到“二次革命”的行列中。在革命与反革命的尖锐对峙下，原来同心光复上海、倾向革命的上海工商界人士，发生了明显的分化。一部分以沈缦云、王一亭等人为代表的进步的国民党员赞同“二次革命”，态度坚决支持；另一部分，包括一些上层的资本家在内，则采取息事宁人的妥协态度，希望“宋案”迅速了结，事态不要再扩大，保持北京政府的中心地位，对重启革命行动并不表示同情和支持。

宋教仁墓前塑像

从双方的力量来看，后者远远大于前者，也就是说，在“二次革命”期间，上海工商界的大多数已从原来的革命同盟者转变为革命的反对者。由于这些资本家手中掌握着大量的资本，同时，他们亦控制着部分的军队，所以，把这些资本家争取到革命的阵营中，对于“二次革命”的成败显得至关重要。但是，作为资产阶级，他们有着自身的局限性。经济上和政治上都十分疲软的资本家，在饱经忧患的近代中国，为了维护和发展自己经营的资本主义企业，无不希望能有一个和平安定的社会环境。军事讨伐北洋军阀势必导致刚稳定下来的局面再次陷入混乱，这绝不是他们所能容忍的。

所以，在宋教仁追悼会过去不到一个星期，上海的钱业、纱业、洋货业的公会公所，联合函请上海总商会转电袁世凯，要求迅速了结“宋案”，以免影响商业。其目的就是要避免南北之间战争的发生。不久，洋货业、绸业、钱业、五金业、纱业等各公会、公所给上海总商会公函所持的政治态度，则是明显站在北洋军阀一边。该公函公然将“市面不宁，危机迭见，金融阻滞，商业萧条”归咎于“扰乱之徒”，并向总商会建议：“通电各当道，遍告全国，一面登报声明，商众断不附和其间，自取焚如，不使蓄心扰乱之徒，托名号召，利用无知，再呈乱象也。”

上海总商会收到这封信，即于5月7日举行特别会议，讨论并通过一份通电，这篇通电与洋货业等七个行业公会公所的信函如出一辙。两日以后，又有十八家工商团体联名致电袁世凯，明确表示绝不迎合革命的主张。申言：“今自‘宋案’，借款两问题发生，上海少数之人权利私见，托名全国人民，开会鼓吹，措辞激烈，有意破坏大局……全国商业大为牵动。”并表示：“上海商界人民各团体均未敢随声附和，自取灭亡，特此声明！”以此来向袁世凯表白心迹。

上海资本家的两电给了袁世凯大力的支持，上海作为南方革命重镇，在政治、经济方面对革命党人有着重要的意义。革命党人如果失去上海资本家的支持，革命注定不能成功。此刻，作为国民党党员的沈缦云陷入极为尴尬的境地，他一方面要积极对上海的工商界人士进行反袁的游说，又要屈从商会多数人的意见发表与本意不同的通电。

1913年7月，反对袁世凯的“二次革命”爆发。陈其美于讨袁之役前，曾两度拜访上海民族资本家的代表李平书，请其按辛亥“故事”，通力合作。李平书则抱着敬而远之的态度，拒不接见。后来，李平书在回忆中为自己辩解道：“时余已不问国事，阴历六月初，英士先生两次过访，俱未晤谈。”在革命风暴风起云涌之际拒不接见陈其美，只能说明李对革命前途没有信心。

此后，沈缦云、王一亭等人从革命的大局出发，对李平书进行了多次的游说。被逼无奈，已“不问国事”的李平书又被推到历史的前台。不久，上海县商会、商团公会、教育总会、救火联合会四团体召开会议，宣布成立上海保卫团，以市政厅为事务所，推举李平书为团长。该团成立以后对上海“二次革命”的发展起到了积极的推动作用。

李平书的复出，并不意味着上海资本家与上海商团对革命无条件地支持。在上海保卫团成立的当天，上海总商会举行会议，讨论时局及是否应加入保卫团的问题。会上议董兼保卫团参议苏筠尚报告，因时局“极其危险，万不得已”由四团体组织保卫团。沈缦云做了“南方现时组织（讨袁军）情形”报告，并提交“南市所有保卫团本会应否加入，及举出几个合力办理，请公决”的议案。提出议案以后，沈缦云又多方规劝上海商团的一些大商人加入到反袁的行列中来。

但是,事与愿违,沈缦云的提议遭到商团多数议董的反对。议董沈仲礼要求保卫团任务限制在“保卫和平,不用武力”上。另一议董夏粹芳则别有用心地说:“本会加入保卫团,应知该团之主义何在?”沈缦云据理力争,而商会议董意见无法一致。沈缦云与王一亭商议之后便提议出席会议的人举手表决。结果只有沈缦云等少数人表示赞成。议董贝润生知道沈缦云倡议革命却公然给他出难题,说:“请沈缦云先生特告陈英士先生,幸勿逼迫北军,免致冲突,地方得安,商业即不致被害,此为沪上商业所要求也。”贝润生明知南北冲突之祸根在袁世凯,却不负责任地讲这些话,使沈缦云极为愤慨,但孤掌难鸣。他一筹莫展,无计可施。

沈缦云对上海总商会拒不支持革命的态度非常不满,又四下活动,积极游说各界人士对革命进行支持。在沈缦云等人的积极鼓动下,7月21日,上海总商会又举行特别会议讨论是否赞成上海独立。据《申报》报道:“自上海宣告独立之后,即有沈缦云、王一亭至上海总商会召集领袖议董集议。当时沈缦云宣告了独立意见,并请总商会赞成独立。”沈缦云在会上希望上海总商会赞成自己的意见,但是,“其词未毕,当由贝润生厉声答之曰:‘我一商人,自前年光复所受之艰危,至今尤能记忆。然当时情形,乃全国一心,故宁受艰危。今日之情形如何?沈缦云、王一亭,汝纵杀我,决不能赞成独立,且商会绝对不能独立通告各界。’双方观点对立,争论极为激烈，最后乃至决裂”。沈缦云、王一亭见无法说服议董，只好请预议各商董举手表决。结果，“当时二十人当中只有沈缦云、王一亭、杨信之、顾馨一四人举手”。遂以少数人不能通过作罢。沈缦云为说服上海资本家支持“二次革命”所做的一切努力都化为泡影。

这时的虞洽卿大概是看到袁世凯大权在握、势力颇大，连一些知名的人物都在吹捧袁世凯是“世界上第二个、中国第一个华盛顿”。虞洽卿从自己的商业利益出发，总希望国内局势早日安定为好。于是他支持袁世凯，反对孙中山领导的“二次革命”。当他得知有人鼓动浙江都督朱瑞起来反袁去支持革命党人在南京的起事时，他急忙打电报给朱瑞，让他千万不要倒向反袁阵营。他又集资一万五千大洋送往宁波，犒劳军队，希望宁波驻军也勿起而反袁。他的这两条措施还真生了效，致使在南京起事的革命党人，因为得不到浙江方面的响应而陷入困境。

“二次革命”是辛亥革命的退潮一战，在革命处于低潮的时期。资本家们请求现政权的庇护，靠拢袁世凯而不支持讨袁的“二次革命”，完全可以理解。但沈缦云作为他们中的一员，在“二次革命”过程当中表现出来的革命勇气和坚韧不拔的革命毅力实在让人钦佩。

由于沈缦云坚持坚定的革命立场，坚决反对以袁世凯为首的北洋军阀，结果遭到了北洋军阀的主子——帝国主义的嫉恨。在上海总商会讨论独立问题后两天，帝国主义者便做

孙中山与他的战友们

出了驱逐沈缦云等八人出租界的决议，谓：“工部局议决，将黄兴、孙文、陈其美、岑春煊、李平书、沈缦云、王一亭、杨信之八人逐出租界。”工部局的决议，实际上间接地说明沈缦云在“二次革命”中所起的巨大作用。

由于事起仓促，上海讨袁军准备不足，加之北洋军实力强劲，以及“商团不愿参加内战”等种种原因，上海讨袁军很快失败了。为了“不欲糜烂地方，多伤士卒”，陈其美下令全面撤退。上海地区军事讨袁行动告一段落。不久，陈其美秘密潜入上海租界躲避。沈缦云亦因为在二次革命中坚定的革命立场，以及不遗余力地帮助革命而遭到当局的嫉恨，在日本朋友的帮助下，被迫亡命大连。

第三节 “如见故人”，以志哀思

上海军事行动结束以后，袁世凯便让他的嫡系郑汝成任上海镇守使，他认为李平书、沈缦云、叶惠钧、王一亭四绅确有助乱证据，谕令通饬缉拿到案究办。后，袁世凯亦通令缉捕黄兴、陈英士、沈缦云、戴天仇、黄郛等，并开列赏格名单，拿获黄兴赏洋十万，陈英士五万元，沈缦云、戴天仇、黄郛各五千。

值得注意的是，在郑汝成与袁世凯开列的通缉名单中，沈缦云赫然在目，而商团的另外一些领导人李平书、王一亭等却未出现在袁世凯通缉的名单当中，其原因不能不叫人深思。后据曾任同盟会机关部材料科当出纳的郑熊垂回忆：“袁世凯下令通缉王一亭、沈缦云、李平书等人，但其实这一通缉令被租界压着，并未执行，不过是传出消息吓吓他们而已。”由以上资料可知，袁世凯通缉李平书、王一亭只是吓唬，而通缉沈缦云则是铁定的事实。把沈缦云与黄兴、陈英士等革命家一起列入悬赏名

民国初期的大连

单，更有力地证明了沈缦云的革命活动已经引起了北洋军阀高层的震惊和恐慌。

沈缦云流亡大连以后，仍然继续着反袁斗争。他与日籍华人吴泰仇合伙组织三大实业公司，借以联络革命同志。

1913年冬，孙中山先生改组国民党为中华革命党，陈其美被任命为总务部长。次年1月，孙中山派陈其美赴大连设立机关，联络东北各省力量讨伐袁世凯。陈其美潜入大连以后，秘密会晤了沈缦云，并传达孙中山先生的重要指示："着沈缦云筹组机关部，接济经大连赴东北各省的革命党人，并开办报馆，鼓吹反袁宣传。"

陈其美的到来受到了沈缦云的热情招待。但因沈缦云在大连的活动受到袁世凯的严密监视，当地警察又向沈缦云施加压力，以致有志未酬。陈其美离开大连以后，曾写信给沈缦云，说："弟在连时，蒙先生夫妇之关爱，有过于兄弟骨肉者。人非草木，岂肯忘情。不敢轻言称报，只有勉力前途，裨早日得达富国利民之目的，即所以报答贤夫妇乔梓之厚惠。"从陈其美的信中，我们可以看出，沈缦云对于陈其美在大连的活动给予了极大的支持和帮助。在革命低潮时期，在许多资本家已经背离革命的情况下，沈缦云依然能够不避嫌疑，资助同志，实在难能可贵。

1914年初，庄希泉从新加坡回到上海后，才知"二次革命"失败，沈缦云已经逃亡到大连。上海的中华实业银行也人去楼空，停止营业。在这种形势下，庄希泉毅然赶到大连寻找沈缦云。

时隔一年，处境天壤之别。两人相见，不免唏嘘感叹。沈缦云当即要庄希泉去上海等地，处理银行的善后事宜，庄希泉慨然应允。不久，他回到上海，按照沈缦云的嘱咐，将股金发还给股东，又将供职人员遣散，并给以出路，安排适当工作。

一切办妥后，庄希泉才回到新加坡，继续经营自己的“庄春成商号”，期待革命党人东山再起。

后来，陈果夫在《回忆录》中这样写道：“民国二年，‘二次革命’失败后，我们认识而能想念到的上海老商人，只有沈缦云、朱葆三二位先生。在我们困难之中，筹款接济，给我们以助力，可说是真正好的。”从中，可以看出沈缦云对革命前途的无穷信心。

“二次革命”虽然失败，但革命的烈火尚未熄灭，沈缦云在困境中仍然不懈地努力着，期待着革命高潮的来临。

刘大同

由于北方各省搜捕甚急，山东、东北、山西等地的革命党人也先后逃至大连。沈缦云总是出资招待，组织活动机关。大家一致推沈缦云为都督，刘大同（山东安丘人，早期的民主革命志士）为司令，谋袭奉天。可这个计划出台不久，就被日本人侦悉，迫使沈解散组织。

沈缦云在大连的革命活动终于为袁世凯所侦知，对此，袁世凯感到如芒在刺，非除去不可。沈缦云在大连期间，经常与当地绅商及教育界、新闻界、宗教界人士接触，同盟会会友前来拜访者甚多。袁世凯获悉后，便派一密探。该密探自称是在奉天(沈阳)办报的同盟会盟友张复生，常来访沈晤谈，执礼甚恭，并时常在沈缦云面前谴责袁世凯量小忌才、怀有异志，还不时报告一些东北军队的消息，以骗取沈缦云的信任。

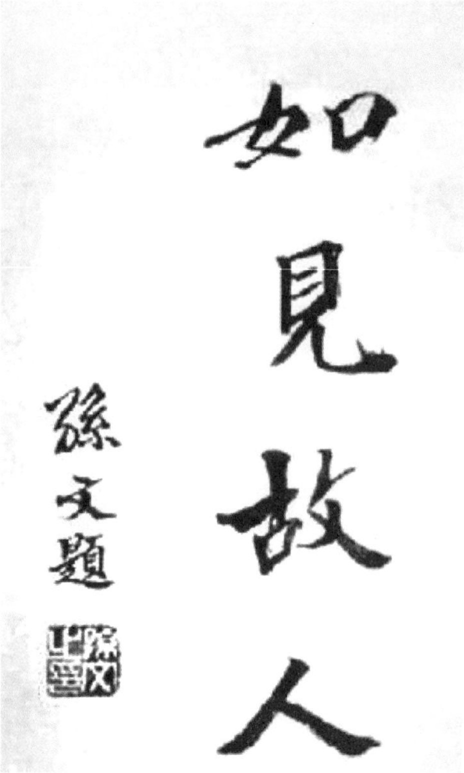

孙中山亲题“如见故人”

民国四年(1915)的一天，张复生称奉天有一报馆要出盘，邀沈往奉天一行。离开奉天上火车前，张殷勤设宴饯别沈缦云。数小时后回到寓所，沈缦云顿觉头晕欲吐，四肢麻木，全身颤抖，急忙延请日本医生诊治，结果系烈性食物中毒，已无药可救，从当晚到翌日，沈缦云病状一直没有好转，时而昏迷，时而清醒，弥留之际，断断续续地说：“你这个盟友已变成了叛徒。孙中山先生和我都是不怕舍身的基督教徒，你能害我的肉体，不能损我的灵魂、灭我的志向。”

7月23日清晨，沈缦云抱恨逝世，时年47岁。沈缦云被害的消息一传出，举国震惊，同盟会同志更是无限悲痛。

当此噩耗见于报纸之时，孙中山与陈其美先生皆为之伤感不已。后来，中山先生为悼念沈缦云，曾亲题“如见故人”挽词，以致哀思。陈其美遇刺身亡后，胡汉民为沈缦云题写挽联云：“其死也哀，知君最深者莫如英士，而英士已殉过矣，斯世殆无人能知君之志者，悲夫！”

沈缦云遇害以后，他的亲密战友、全国各界的著名人士纷纷写诗沉痛悼念。沈缦云的后人曾将之汇编成《沈缦云像赞》，据说，如今收藏在上海博物院文史馆内。沈缦云的家乡人民期待上海博物院公布《沈缦云像赞》，作为对辛亥革命先烈的最好纪念。

第四节 后人的追思与怀念

1926年，沈缦云葬于杭州小和山。夏历丙寅八月，沈缦云的连襟、魁星阁廪膳生王蕴登撰写墓志铭：

呜呼！君以二次革命得罪袁政府，亡命大连。四年之夏，距洪宪覆败约十阅月，而君遽病殁旅次，不及见矣。

沈缦云

君姓沈氏，名懋昭，字缦云，江苏无锡人。以久居上海，试入沪庠，为博士弟子。君之初，本姑苏张氏，名曰祥飞。少孤，妻祖金士沈公与语，奇之，令居甥馆，教养视孤孙。既而孤孙以疔死，君遂为金士公持承重服，后于沈氏。君性明敏，沉雄，慨然思有所建立，但孱弱多病。偶得西人孙唐体操图说，购械凭图。昕夕习练。期年以后，隆冬不裘，盛夏不盖，徒步可数十里。体既壮硕，乃锐意营商业，旁及教育、商团、实业、慈善等事。时开会演说之风初起，君善以谐语比兴，谈言微中，雅俗叹赏，名乃鹊起。南北市商会均举为董事，隐然负海上重望。

有清之季，各省举代表入京，请愿立宪，沪商会举君。既入京师，睹朝政腐败，不可挽回，始倾心于改革。海上奔走同盟者，倚以通缓急。《民呼》、《民吁》、《民立》三报社递起，君皆与有力，而于《民立》投资尤多。辛亥之秋，沪军政府成立，被推为财政部长。事起仓促，军无夙储，前清所设各税收局所已于起事时明令裁撤，当事者均闻风携款远避，资无所出。主客饥军集沪上者数万人，每日部门未启，环而俟者辄以百计，皆来牵款。时君为部长，主外事；余为坐办，主内事，均苦心焦思，张罗补苴。予因是彻夜不寐者可三十日。君则凌晨而出，深夜始归，每终日不得谋一面，惟于夜归会餐时，始得聚首，互道本日部内外各事。则见君两颊苍白，声亦暗嘶，疲惫之情，不言而喻。厥后一病不起，卒源于是。

呜呼，伤矣！局势既艰窘万状，局外不察，或揣管钥之司，必有余润；恫吓侮辱之书，日必数至。其时南京已下，内地响应者络绎，君知事必有成，因决意辞职，思一游南洋，藉舒困惫，别筹进取。会江南都督府成立，被任为通埠司长。临时政府又任为特别理财员，乃留居南京者数月。迨清廷逊位，南北议和，始往游南洋各埠，谋与侨商返祖国兴实业，所计划甚富。事未果行，而桃源宋教仁被刺。君素厚于宋，愤甚。海上诸同志亦慷慨激昂，不可复忍，因是癸丑二次之役，卒航海逼大连。

先是，辛亥之役，君固大病初愈，以忧劳内伤。亡命后，所营业率散财，相与同难之逋客，又无术全济，坐是郁抑，触发旧病，遂不可治。君之抱负所虑者，殆十未及一，所谓赍志以终者，非耶？然于民国，于社会，已自有卓荦可传，不可泯也。兹卜于今岁十月葬君于杭县钦贤十三图老教山之原，午山子向，兼丁癸三度半。配沈钦苓，予妻之姐，才德懿淑，为君良佐。丈夫子二，祖章服务银行，祖荣幼学，遗命兼祧张氏后。先葬之两月，沈夫人来请铭。铭曰：劳不得逸材则骞，困不得休身则捐，志不得展天之权。共和之名十五年，战祸相寻民颠连，生者默默无勇拳，求治得乱咎孰肩？倘得黎庶高枕眠，再酹一勺慰九泉。

王蕴登撰写的墓志铭，简述了沈缦云光辉、壮烈的一生。

沈缦云之女、富商沈金士孙女、沈曾植之师、清吏部右侍郎王莘锄（名綍，号德仔，江苏无锡人）之侄媳，撰写《哀启》（一纸五面）沉痛悼念父亲的不幸逝世。

鉴于沈缦云为辛亥革命所做的杰出贡献，民国十九年（1930）七月二十八日国民政府令："沈缦云先生在满清末季，倾响三民主义，捐资、赞助、宣传，致力地方，倡行自治。辛亥参与革命光复上海之役，厥功甚著。癸丑而后，又复奔走运动，不避艰辛，志事未偿，卒遭说杀。追怀遗烈，悼惜良深。除由中央饬将生前事迹调查记载，备作党史史料，并派员筹备建立纪念碑外，特予明令表彰，用纪前勋，昭示来许。此令。"

1930 年第 1 卷第 1 期《硬的评论》刊登题为《有实无名的革命先烈沈缦云》的评论，全文如下：

现在革命澎湃的时候，你也是革命者，我也是革命者，求不务实的到处都有。其实革命先烈，也有其不幸。有的果然名实相符，有的名不副实，也有实而无名的！

上海有位真正的革命先烈沈缦云先生，知道他的历史的实在很少，现经国府明令褒扬，还拨出巨款，要替沈先烈建立纪念建筑物。但是国民政府对于沈先烈的历史，却也没有十分清楚。报上说现命令中央党史史料编纂委员调查了！

乡人对于沈先烈在辽宁的情况知道得很详细，不妨介绍一回……沈烈士逃亡大连，没于旅邸。当时的像赞，由孙

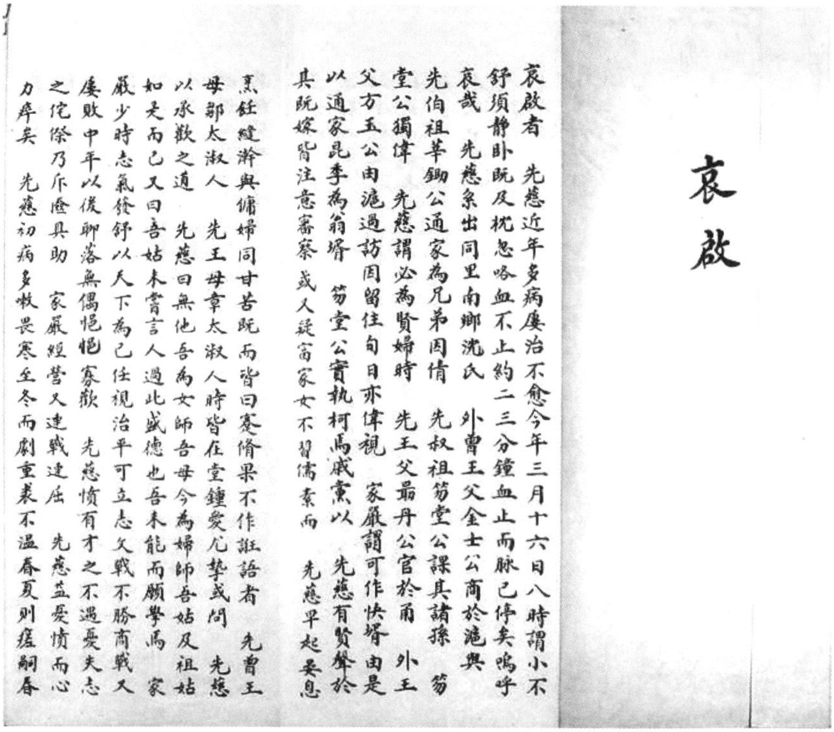

哀啟

哀啟者　先慈近年多病屢治不愈今年三月十六日八時謂小不
舒須靜卧既及枕忽咯血不止約二三分鐘血止而脉已停矣嗚呼
哀哉　先慈系出同里南鄉沈氏　外曾王父金士公商於滬與
先伯祖莘鋤公通家為兄弟因倩　先叔祖笏堂公課其諸孫　笏
堂公獨偉　先慈謂必為賢婦時　先王父鼎丹公官於甬　外王
父方五公由滬過訪因留住旬日亦偉視　家嚴謂可作快壻由是
以通家昆季為翁壻　笏堂公實執柯焉戚黨以　先慈有賢聲於
其既嫁皆注意審察　或人疑富家女不習儒素而　先慈早起晏息
烹飪縫澣與傭婦同甘苦既而皆曰褒脩果不作誑語者　先曾王
母鄒太淑人　先王母章太淑人時皆在堂鍾愛尤摯或問　先慈
以承歡之道　先慈曰無他吾為女師吾母今為婦師吾姑及祖姑
如是而已又曰吾姑未嘗言人過此盛德也吾未能而願學焉　家
嚴少時志氣發舒以天下為己任視治平可立志文戰不勝商戰又
屢敗中年以後聊落無偶悒悒寡歡　先慈憤有才之不遇憂失志
之侘傺乃斥奩具助　家嚴經營又建戰建屆　先慈益憂憤而心
力瘁矣　先慈初病多嗽畏寒至冬而劇重裘不溫春夏則痊嗣春

沈缦云的女儿撰写的《哀启》

总理、于右任、胡汉民、戴传贤等执笔，李平书有一篇哀文，评叙沈烈士革命经过，极有历史价值。今摘录几节：

“辛亥之役，余承乏上海自治应响，缦云赞助其间。初未知有革命大志也。武汉起义，沪上一日数电，门者与会厉声，而缦云心痛忧之。一日语余曰：汉阳有难保之信，万一失守，武昌亦危。此次失败，汉人尚有瞧类耶？余曰：非东南急起响应，无以救武汉之危。缦云跃然起曰：先生有此意耶？日来党人正谋此举。是夕，偕陈君英士来余家密室，遂定十三日政局之策。事定后，缦云计数，前后垫款三十余万之多。此缦云负累之所由来也。

“辛亥之役，苟非上海起义，苏浙响应，进攻金陵，握长江下游之势，则武汉一隅，岂能保耶？故缦云之功多矣！乃未叙一勋，未褒一语。垫用巨款，致获重累。且通缉之而又诱之其死，如缦云者不亦大可哀哉！”

杭州西南诸山中以小和山、中和山、老和山这三座山较为著名。小和山位于距杭州市中心12公里的西南郊，海拔

杭州小和山

278米。《定乡小识》记载："小和山在龙门山东，多竹树，游人登山，行翠雾中，山径盘曲，十步一折。南出龙门坑，抵转塘以达江边（钱塘江），北下西溪。绝顶有金莲寺。"

从天目山路一直往西，大约半个小时后就到留和路，这是通往小和山的必经之路。该区块整个基地是一个东西向的平坦狭长谷地，北面是小和山森林公园，南面是午潮山森林公园，环境优美。

在小和山，不少上了年纪的村民都知道这里的沈家坟墓，但确切地点却没有几个人知道。20世纪80年代，沈家后人曾经找到过沈缦云的墓，但是随着时间的流逝及当地规划的更改，墓碑损毁，草木掩盖了墓地，墓的确切位置已经难以确定。

2010年7月，沈缦云的曾孙女和曾孙女婿找到了当年的"坟亲"（看守管理墓地之人）葛阿二大伯，由他带路，攀爬到小和山一处人迹罕至的山崖上寻找墓穴。当时经多方寻找，才发现一处山崖平台的外圈，有一条用石块做基的圆弧形土垅，两边延伸至坟墓后的山体。由于缺乏管理，坟墓的外形已经破损残缺，墓穴部分坍塌。因为当时没有找到墓碑，并不能确定这就是沈缦云的墓。

2011年8月20日，沈家后人再次来到这一带。在当地两位老人的带领下，清理了墓穴附近的杂草之后，就在周围两三米的地方发现了两块破碎的青石墓碑，上有"沈、缦"等字。"兹卜于今岁十月葬君于杭县饮贤十三图老教山之原，午山子向,兼丁癸三度半”。正好与沈缦云墓志铭记载的方位相符,可以断定这就是沈缦云的安眠之地。

沈缦云的墓在小和山终于被发现了。8月28日,《钱江晚报》记者逯海涛、通讯员金永炎以《小和山发现辛亥先烈沈缦云墓》为题,用大量的篇幅做了报道,报道了沈缦云在辛亥革命中光复上海和“二次革命”中的功绩,以及沈缦云墓终于被找到的经过。

这墓碑能不能确定是沈缦云之墓,能否得到政府部门的修缮保护?8月7日,记者联系了杭州市园文局文物处处长卓军,他表示要请园文局考古所调查之后才能确定这座墓的价值。

在辛亥革命100周年之际,秋瑾墓、徐锡麟墓、章太炎纪

州新闻·民生
A1-5
96068
小和山发现辛亥先烈沈缦云墓
孙中山曾题写“如见故人”纪念他

2011年9月28日《钱江晚报》部分影印件

念馆……漫步杭州街头，还能找到百年前那场伟大革命在这里留下的印记。

如今，沈缦云大部分后人都住在上海，杭州目前只有孙子以及曾孙女一家。他的这位孙子已经是八十多岁的老人了。在纪念辛亥革命100周年之际，沈家后人希望已经破损的墓穴能够尽快得到修缮，希望沈缦云的革命史绩能得到弘扬。

《钱江晚报》的呼吁比较及时，充分反映了家乡人民的共同心愿。我们深信，这一呼吁一定能得到浙江省杭州市园文局的高度重视。在不久的将来，辛亥先烈沈缦云墓经过精心修葺，一定能像矗立在西湖边的秋瑾墓、徐锡麟墓一样，吸引众多的游客前往祭拜，让更多的青少年在这里接受革命的传统教育。

复旦公学旧址

复旦大学正门

附 录

【附录一】

沈缦云世系

梁溪沈氏宗谱 卷十三

二十六世孙景德、泳 编辑

二十七世孙炯、秉章 校对

斯年公派十八世孙君傚公分居顾马头支

学之八子

十八世

君傚 字叙兴，生于万历二年，卒于崇祯七年，葬金城蕾赖字三十九、四十、四十一三号粮田六分五厘。土名三厘头。

十九世

朝法 生卒年失。配宣氏。子一：文孝。合葬赖字父茔。

二十世

文孝 生卒年失。配曾氏。子二：长良卿、次良柏。合葬于赖字祖茔。

二十一世

良卿 生卒年失。配邵氏，合葬于赖字祖茔。子二：长惠昇、次运昇。

二十二世

惠昇 生卒年失。配许氏，子三：长凤岐、次凤瑞、三凤成。

续表

梁溪沈氏宗谱　卷十三　十八世至二十二世　　世余堂
是为顾马头始祖。配陆氏。子二：长朝法、次朝元。
良柏 字国溪，生卒年失。配江氏。子三：长茂德、次俊明、三茂林。
运昇 生卒年失。配朱氏。子一：瑞岐。 茂德 生卒年失。配王氏。子三：长天爵、次天贤、三天祥。 俊明 生卒年失。配薛氏，生于康熙丙寅年二月初三日，卒于乾隆乙酉年六月二

续表

朝元 生卒年失。配王氏。子四：长良芝、次茂之、三达之、
良芝 生卒年失。配顾氏。子一：晋昭。
晋昭 生卒年失。配胡氏。生卒年失考。葬于场字一千
十九日苦节候旌，合葬于小浜口伍字号主穴。子二：长君甫、次君显、同迁居北旗头。世系另详。 **茂林** 徙居安徽宁国府。 **运生** 生于康熙壬子年，卒于乾隆乙丑年。配阙氏，生于康

续表

梁溪沈氏宗谱 卷十三 十八世至二十二世 世余堂

四馨芝。

一百七十七号。子二：长运生、次惠生。

熙壬子年，卒于乾隆丙寅年。子三：长瑞麟、次瑞珍、三瑞先。

惠生 生于康熙丁巳年，卒于乾隆癸亥年，配李氏，生于康熙癸亥年。子五：长瑞新、次瑞明、三瑞成、四瑞玉、五瑞和。

续表

梁溪沈氏宗谱　卷十三　二十三世至二十七世　世余堂

运生次子
瑞珍　生于康熙甲午年，配殷氏，继许氏，又继李氏，生于雍正乙巳年。子二：长廷芳、殷氏出；次廷才、李氏出。
廷芳　生于乾隆庚午年，配杨氏。子三：长洪溪、次洪显、三洪道。
洪良　洪溪　生于乾隆壬辰年，配俞氏，继杨氏，生于乾隆甲午年。子二：长云翀，祧嗣洪道后，次云韶，嗣于洪显为后。
云翀　生于嘉庆四年七月二十五日，卒于道光二十七年六月二十五日。赠中宪大夫。配杨氏，生于嘉庆六年十月十五日，卒于光绪八年七月初七日，
金士　国学生。生于道光庚寅年闰四月二十三日，卒于光绪二十一年十一月二十五日，寿六十有六。诰赠中宪大夫，有传。配毛氏，生于道光辛卯

续表

洪顺 生于乾隆壬寅年，卒年失考，配张氏，生于乾隆甲辰年九月初二日，卒于道光七年。
诰赠恭人。子二：长金士、次金枢。 **云韶** 生于嘉庆辛酉年，卒于道光己巳年八月十四日，配王氏，生七月初四日，卒于道光年间。
年九月初二日，卒于咸丰六年十二月初九日。诰赠恭人。子一：芳玉。 **万青** 生于道光辛卯年十一月初五日，卒于同治壬申年六月二十九日。配王氏。

续表

万义三子

金士子

芳节 名龙福。出继龙王山杨巷上杨姓。

芳玉 字信书，国学生，钦加五品衔，候选同知，诰授中宪大夫，生于道光乙巳年九月二十九，卒于光绪十一年十月二十五日，配

懋德 字荫梁，国学生。生于同治癸酉年九月十五日，卒于光绪二十一年十一月二十四日。配周氏，生于同治壬申年九月初六

祖望 生于光绪二十二年五月初三日。

续表

徐氏，诰封恭人，生于道光己酉年九月十三日。子二：长懋德、次懋功。女五：长赘懋诏为子，次适魁星阁廪膳生王蕴登，四适东埠钦加五品衔，周廷弼长子、国学生承基。三、五未字。

日。子一：祖望、女一。

懋功 字松梁。殇。

懋昭 字缦云，邑庠生。生于同治戊辰年十二月二十六日，赘氏生于同治丁卯六月初六。子一：祖彝、女一。

祖彝 生于光绪一十二年七月二十九日。

【附录二】

沈缦云先生年谱

清同治七年,1岁

十二月二十六日(1869年2月7日)出生于苏州吴县,名祥飞。父炳南(张桐龄),举人。母郭氏,知书善画,在家乡设塾授课。兄弟五人:长,祥麟;次,祥豹;三,祥和;四,祥鹏;缦云最幼。

光绪元年(1875)乙亥,7岁

是年,全家迁居上海。

是年,随母信仰基督教,后入蒙培雅书院(圣约翰书院前身)读书。

光绪五年(1879)己卯,11岁

是年,经校长颜永京介绍入赘沈家,改姓沈,名懋昭,字缦云。

是年,沈家专聘家庭教师教读四书五经。

光绪二十二年(1896)丙申,28岁

是年,中举。

是年，初识周舜卿。放弃仕途功名，助理家业。

光绪二十六年（1900）庚子，32岁

7月，参加唐才常于上海张园召开的“中国国会”会议，助捐15000元筹组“自立军”。

光绪三十一年（1905）乙巳，37岁

9月13日（农历八月十五日），任马相伯、于右任、叶仲裕等先生于上海吴淞组织的复旦公学校董。

光绪三十二年（1906）丙午，38岁

9月11日，协助周舜卿创建上海信成银行——中国第一家商业兼储蓄银行。总经理周舜卿，沈缦云兼任协理。设董事11人、查账员2人。

是年，组织上海南市商业体操自治会，自任会长，号召青年锻炼体魄、研究军事，会员30余人。

是年，与宋廷柱、尤秉彝两位实业家，在南京市新码头里街合办上海竞化女子师范学堂，公推其妻沈钦苓任校长。

光绪三十三年（1907）丁未，39岁

年初，为振兴上海城乡市面起见，与李平书、李云书、殷侣樵、姚伯欣等先生，商请潘月樵、夏月珊、夏月恒先生发起组织“振市公司”，于南市十六铺外滩筹设“新舞台”。

3月，与叶惠钧先生登台串演刘艺舟主演的新剧《波兰亡国惨》和《吴禄贞被刺》，轰动全上海。

是年，上海信成商业银行信用日增，经商部批准，除发行钞票外，还代收道署库银。

是年，信成银行做民族资本发展的后盾，先后帮助解决杨宗瀚兄弟的业勤纱厂、荣氏兄弟的振新纱厂和茂新面粉厂初期办厂资金的困难。

是年，信成银行相继设立分行于南京、北京、天津及无锡等地，业务进展一日千里。

是年，上海南市商业体操自治会联合商学补习会、商余学会、沪城体操会和沪学会体操部，合并成立为南市商团公会，后改组为上海商团公会，公推李平书担任会长，训练会员数百人。不足经费由沈缦云筹措。

是年，上海南北市商会举沈缦云为董事。

是年，上海城乡内外工程局成立，局长李平书聘请沈缦云为议董。

宣统元年（1909）己酉，41岁

是年，由陈其美和于右任介绍，宣誓加入中国同盟会。

是年，与周舜卿一起，邀请大清、交通、中国、通商、四明、浙江兴业、裕商、信义、浙江各银行主持人集议设立银行公会。沈缦云被上海商务总会公推为议董。

宣统二年(1910)庚戌,42岁

是年初,听到第一次国会请愿失败的消息后,赶去与周舜卿商谈对时局的看法。

5月18日,上海商务总会公推举沈缦云为第二次国会请愿代表。

6月16日,上京的请愿代表打破地域和职业的界限,以全国社会团体名义,向督察院递呈10份请愿书。其中,沈缦云在3份请愿书上列名。

是月,沈缦云以上海商务总会的名义,对话首席军机大臣庆亲王奕劻、摄政王载沣,转达民意,请求从速召开国会。遭蛮横拒绝,促使他丢掉幻想,与清廷决裂,投身革命。

是年,利用信成银行的便利,秘密地为同盟会筹措活动经费。

是年,资助于右任先生续办《民立报》5万元。主笔为宋教仁、范鸿仙、徐血儿、邵力子、叶楚伧、张季鸾、李伯虞、杨千里、马君武诸位先生,并以此报社为革命军之总机关。

是年,沈缦云和宋教仁、陈其美、谭人凤等先生一起参与筹备"同盟会中部总会"组织。

宣统三年(1911)辛亥,43岁

1月1日,受马相柏之邀,任中国精武体操学校校董。

3月11日,与宋教仁、叶惠钧一起,参加在张园安垲第召开的有两千多人参加的中国保界分会第一次会议。演说保矿、保路，激起与会者的爱国热情。

3月12日，在上海活动南北商团、工会，在斜桥西园召开特别大会。沈缦云宣布，拟先成立全国商团联合会，再行组织义勇队。到会男女数千人。

4月8日，全国商团联合会成立，举李平书为会长，沈缦云、叶惠钧为副会长，虞洽卿为名誉会长。

4月9日上午，主持全国商团联合会假座沪南新舞台召开的迎新会友大会。

4月26日，应傅梦豪等留日学生代表相邀，与沈仲礼、王一亭在法租界召集会议，宣传革命思想。会上，沈缦云做了发言，宣传国民的职责。

5月7日，与地方革命人士和留日学生共同努力，由《上海日报》等10个团体共同倡议，欢迎中国国民会议的代表大会在上海张园召开，参加大会的有2000余人。沈缦云做了鼓动发言。

6月11日，中国国民总会在张园召开成立大会，五千人到会，选举沈缦云、马相伯为正副会长。筹组模范体操团。先在上海汉口路鄉嬛里，后迁至白克路562号，推举沈缦云为会长。

6月17日，主持国民总会在法租界朱家桥召开的全体职员大会，决议通过组建国民分会、创建模范体操团。

6月26日，中国国民总会公布告全国同胞书。南京、江都、江西等处设立分会。上海总会由沈缦云领衔，多系同盟会会员。

8月13日，出席中国国民总会创办的模范体操团在精武体操会举行的开操仪式。

8月20日，主持召开全体职员会议，并通过了一些议案。

10月10日（农历八月十九日），武昌起义，组织军政府，汉阳、汉口相继光复，清廷派冯国璋军南下夺回汉口，而武昌、汉阳岌岌可危。

24日，陈其美为争取李平书所掌握的自治公所，及其掌握的武装团体——上海商团站到革命的一边，在《民立报》馆召集沈缦云、宋教仁、黄兴、范鸿仙、叶惠钧、叶楚伧等人开会。即席决议“联络商团，沟通士绅”，这是一个极其重要的转变。

25日，沈缦云相约李平书，与陈其美在贞吉里李平书寓所晤谈，这对上海光复起了重大作用。

11月3日，上海民军联合商团，号召民众，武装起义，攻打江南制造总局，清兵抵抗。陈其美只身入江南制造总局欲说服督办张士珩投降，被拘禁局中。沈缦云等随即驰往援救，连夜围攻江南制造总局。

4日黎明，胜利攻克江南制造总局，陈其美得以无恙脱险。

6日下午，上海军政府（后改称沪军都督府）成立，公推沈缦云为财政总长。尽职尽责，不遗余力，昼夜奔走，解决军政府面临的财政困难。

11月21日，中华银行在上海南市志祥弄沿铺正式成立。首届董事为沈缦云、黄兴、陈其美等人。

12月7日，庄希泉替代公务缠身的沈缦云，首次奉命下南洋筹款数百万元，为中华民国的建立提供了必要的资金保证。孙中山题词称赞沈缦云“功在民国”，其中也有庄希泉的一份功劳。

21日，中华银行在上海南市吉祥弄沿浦正式成立。军用票颇受士绅商学欢迎，不惜以重金征兑第一号。如郭竹樵以五百圆兑得十圆币值军票第一号。

是月，江苏都督府委任沈缦云为通埠司正长。

是月，江浙联军总司令部聘请沈缦云为担任特别筹款之职。

12月2日，推荐朱葆三担任财政总长。

12月25日(农历十一月初六)，孙中山先生自海外归国到达上海时，亲书“光复沪江之主动”匾额，留赠沈缦云，以彰其功。

民国元年(1912)，44岁

1月1日，孙中山任临时大总统，委沈缦云为驻沪理财特派员。后委为劝业特派员。不久，改任交通部顾问、同盟会驻沪理财干事兼南洋群岛交际员。

4月，孙中山发起筹组中华实业银行，作为建国基础。沈缦云任筹备主任。

5月15日，中华实业银行正式开业，沈缦云任总经理。

12月2日，中国国民党上海分部成立，王一亭、沈缦云任正副部长。

是年，孙中山发起组织中日合办的中国实业公司，在沪召开筹委会。沈缦云任筹备员。

民国二年（1913），45岁

1月10日，在沈缦云的带领下，中国国民总会并入国民党。

5月1日，沈缦云偕庄希泉、梁少文等下南洋为军政府筹款。在不到3个月的时间里，募股600万元。超额完成100万元。

民国三年（1914），46岁

3月20日，宋教仁在上海火车站被暗杀。

是月，沈缦云奔走呼告，坚决反袁。

是年，“二次革命”失败后，沈缦云率全家迁居大连，以兴办三大兴业公司为掩护，筹组奉天革命党机关部，继续联络革命志士，进行反袁活动。

民国四年（1915），47岁

遭袁世凯所派奸细暗算，食物中毒，7月23日病逝于大连医院。孙中山亲题“如见故人”，以志哀思。

民国十七年（1928）

沈缦云安葬于杭州小和山。他的墓志铭上记载着这样的话：“兹卜于今岁十月葬君于杭县饮贤十三图老教山之原，午山子向，兼丁癸三度半。”

【附录三】

参考书目

一、著作

1. 王金中、沈仲明主编《无锡工商先驱周舜卿》,凤凰出版社2007年11月版

2. 上海市政协文史资料工作委员会编《辛亥革命七十周年——文史资料纪念专辑》,上海人民出版社1981年8月第1版

3. 许有成、徐晓彬著《于右任传》,复旦大学出版社2007年8月版

4. 钱茂伟、应芳舟著《一诺九鼎朱葆三》,中国社会科学出版社2008年2月版

5. 黄继树等主编《第一个总统(上)》,百花文艺出版社1984年6月版

6. 向春光主编《民国军政名人大刺杀案始末》,甘肃人民出版社1993年3月版

7. 刘夏主编《虞洽卿传》,中国城市出版社2011年1月版

8. 冯绍霆主编《李平书传》,上海书店出版社2014年1月版

9. 吴筹中主编《中国纸币研究》,上海古籍出版社1998年版

10. 陆世百主编《百草集》，亚洲钱币学会出版社1999年版

11. 邓金平主编《张謇外传》

12. 章开沅主编《张謇传》，中华工商联合出版社2000年8月版

13. 上海社会科学学院历史研究所主编《辛亥革命在上海史料选辑》（增订版），上海人民出版社2011年8月版

14. 宋梧刚、潘信之合著《唐才常传》，吉林人民出版社1997年2月版

15. 无锡史志办编《薛明剑文集（上）》，当代中国出版社，2005年9月版

16. 冯绍霆著《李平书传》，上海世纪出版社2014年1月版

17. 斯诺著《西行漫记》，第115页

18. 冯自由主编《革命逸史》第五集，第251页

19. 劳祖德主编《郑孝胥》第2册，北京中华书局

二、报刊

1. 沈云荪《马相伯与沈缦云二三事》，上海《社会科学》1984年第11期

2. 沈云荪《上海信成银行史略》，上海古籍出版社2011年版《上海史料存稿》

3. 王允庭《浅析上海信成银行纸钞版式》，《上海金融》2008年第10期

4. 方子文《助饷——沪军都督府解决财政问题的途径》，

1994年第1期《财税史话》

5.《上海晚清时期人物》,《上海文史百科》2013年10月2日刊载

6.薛文彦《女性志士们的爱国热情》,《佳木斯大学社会科学学报》2001年12月第6期

7.沈云荪《沈缦云1912年的南洋之行》,上海古籍出版社2001年5月版,《上海文史资料存稿汇编》(5)

8.《江南文化》,2014年第3期《海上第一名园——张园》

9.《小和山发现辛亥先烈沈缦云墓》,《钱江晚报》2011年9月28日,记者逯海涛 、通讯员金永炎

10.《近代史资料》,总第55期

11.叶世昌《清末上海的本国银行》,《钱币博览》2009年第4期

12.沈子高《沈缦云的一生》,1981《上海文史资料专辑》

13.吴筹中等编著《辛亥革命货币》,1986年第2期

14.赵廷斌、刘转玲《沈缦云与二次革命》,山西《沧桑》,2007年第一期

15.史思《上海信成银行和沈缦云其人》,《金融话旧录》杂志

16.天津《大公报》,1910年6月12日

17.方一戈《在上海查禁假钞稳定金融秩序》,《人民政协报》2011年3月25日

18.《女界多豪杰》,《新民晚报》2011年3月13日

19. 庄希泉《辛亥革命中的南洋华侨》,《人民日报》1981年10月12日

20. 史鱼《记妇女运动之开山始祖——张竹君》,《七日谈》1947年第17期

21.《沈任夫等致信成银行协理上海财政总长沈缦云君函》,《申报》1911年11月9日

22. 许洪新《不该被湮没的上海辛亥烈士(2)》,《上海滩》2011年第10期

三、资料

1. 世余堂《梁溪沈氏宗谱》

2. 许奇松《争夺沪军都督现场目击记》,1962年秋讲述

3. 王蕴登撰《沈缦云墓志铭》

4.《国民政府令》(民国十九年七月二十八日),《行政院公报》第173号府令,1930年第173期

5.《无锡丁氏家谱》

6. 沈云荪编《沈缦云先生年谱》

7.《锡山周氏宗谱》南宅支

8.《庄希泉三下南洋》,《中国论文网》2012年2月24日

9. 赵廷斌《辛亥革命前后的沈缦云》,2005年扬州大学硕士学位论文

后记

一百多年前，以孙中山为代表的革命党人，发动了震惊世界的辛亥革命，推翻了中国长达两千年的封建君主专制制度，开启了民主与共和的新纪元。

辛亥革命上海武装起义，谱写了可歌可泣的战斗诗篇，涌现出不少为革命做出宝贵贡献的志士仁人，无锡的沈缦云就是其中的一个。

1994年出版的《无锡县志》、2008年出版的《锡山市志》，都没有沈缦云史迹的记载。1995年版《无锡市志》，在介绍沈缦云时只说其祖籍是无锡，11岁入赘于无锡富商沈金士家，改姓沈，名懋昭，字缦云。十多年前，在第三次全国文物大普查期间，我们在查找周舜卿资料时，才意外发现协助周舜卿创办我国第一家商业兼储蓄银行的协理、积极筹款支持辛亥革命的沈缦云，还是我们东埄人哩。

为了考证沈缦云是不是我们东埄人，我们翻阅了赵永良编著的《无锡名人辞典》(首编)，在第127页找到“沈缦云”，得知他祖籍吴县，原名张祥飞。因入赘无锡沈家，改姓沈，名懋昭。后了解到无锡沈家，就是锡铁巷顾码(马)头沈金士家。于是，又从《无锡名人辞典》(三编)找到“沈金士”，从他的简历中了解到，吴县张祥飞入赘沈氏，继承沈金士事业。

至此,《无锡名人辞典》证实了沈缦云是太湖街道锡铁巷顾码头人。

可是,我们还不满足,更想从他的家谱中去得到证实。于是,我走访了已故无锡著名藏书家沈克民的家,向他的女儿国珍说明来意,要求借阅《沈氏宗谱》。国珍立即从书柜中捧出了世余堂《梁溪沈氏宗谱》。我满心欢喜地从总目中找到顾马(码)头支,并顺着辈分一页一页地查找着。眼看就要找到时,后面的一卷却没有了。我急着问国珍:"怎么后面的一卷就没有了?"她想了一想说:"也许是人家借去了,我也记不清是谁借去的。"

我们想,这里没有,无锡市图书馆5楼古籍部也许会有。第二天就来到市图书馆,却发现那里并没有收藏到这套宗谱。但是我们在市图书馆的家谱目录中得知,上海图书馆珍藏着这套家谱。这真是好事多磨啊!

几天后,王金中乘火车赶到上海图书馆,终于从世余堂《梁溪沈氏宗谱》中找到沈懋昭(字缦云),为沈金士之子芳玉的第三个儿子。谱说:"懋昭,字缦云,邑庠生。生于同治戊辰年十二月二十六日,赘氏生于同治丁卯年六月初六日。子一,祖彝;女一。"再上下细看,又从沈金士之子芳玉的介绍中,意外地发现了芳玉与"煤铁大王"周舜卿的关系。谱载:"四适东埄、钦加五品衔周廷弼(字舜卿)长子、国学生承基。""适",嫁。这是说,沈芳玉的第四个女儿嫁给了周舜卿的大儿子承基。这十分清楚地表明:沈芳玉与周舜卿还是亲家哩!

无怪乎周舜卿在上海创办中国第一家商业兼储蓄银行，要把银行协理这一重要的职务信托给沈缦云。沈缦云凭借自己在上海商业界中的崇高威望，积极发展银行业务，并把它做大、做全、做好，成为上海人民心目中信得过的银行。他在革命党人的影响下，参加第二次国会的请愿，舌战庆亲王奕劻、摄政王载沣。在幻想破灭以后，彻底地与清政府决裂，毅然参加革命。他利用信成银行筹款，为孙中山领导的辛亥革命早做准备。因上海起义“事起仓促”，在上海信成银行的筹垫，远远不能满足开支，而资金一时又筹不到的情况下，沈缦云“毁家以继之，先后垫付达30余万元，仍不足。沈缦云昼夜奔走筹款事宜”。沈缦云的可贵之处在于“积极”，生动而又形象地把沈缦云的精神面貌和崇高境界鲜活地刻画了出来。

在袁世凯派人暗杀宋教仁背叛革命、革命形势急转直下之时，在过去的战友缺乏信心的不利情况下，沈缦云通过艰苦的工作，毅然参与“二次革命”。在艰难险阻面前，他从不后退；在敌人的威吓利诱下，他毫不屈服，对革命胜利始终充满坚定信念。在革命处于低潮时期，在许多资本家已经背离革命的情况下，沈缦云依然能够不避嫌疑，资助同志，实在难能可贵。在民国初年，真难找出第二位这样的“勇士”。

鉴于沈缦云为辛亥革命所做的杰出贡献，民国十九年(1930)七月二十八日国民政府令：“沈缦云先生在满清末季，倾响三民主义，捐资、赞助、宣传，致力地方，倡行自治。辛亥参与革命光复上海之役，厥功甚著。癸丑而后，又复奔走运动，不避艰辛，志事未偿，卒遭说杀。追怀遗烈，悼惜良深。除由中央饬将生前事迹调查记载，备作党史史料，并派员筹备建立纪念碑外，特予明令表彰，用纪前勋，昭示来许。此令。”

这样有成就的、为我们家乡争光的、深得各界敬仰的先贤，也应该受到后人的敬重。然而，由于历史的原因，沈缦云的业绩渐渐被消磨了；也由于这个原因，沈缦云这个英雄人物，被人淡忘了！

习近平总书记2014年8月24日在人民大会堂出席纪念孔子诞辰2565周年国际学术研讨会暨国际儒学联合会第五届会员大会开幕会并发表重要讲话。他强调，不忘历史才能开辟未来，善于继承才能善于创新。只有坚持从历史走向未来，从延续民族文化血脉中开拓前进，我们才能做好今天的事业。习近平总书记的重要讲话，为我们指明了努力的方向。

沈缦云逝世至今已经100多年了，家乡人民却对这位伟人知之甚少。为缅怀这位伟人，弘扬他的革命精神，我们从上海、无锡等图书馆多次查阅，感谢他们无保留地提供了珍贵的辛亥革命史料。我们还多次从网上邮购与沈缦云并肩作战的朱葆三、李平书等战友的传记，如：《一诺九鼎朱葆三》（中国社会科学出版社2008年2月版）、《虞洽卿传》（中国城市出版社2011年1月版）、《李平书传》（上海书店出版社2014年1月版）等，以及上海社会科学学院历史研究所编写的、上海人民出版社2011年8月出版的《辛亥革命在上海史料选辑》(增订版)……从中收集到沈缦云从事革命活动的大量史料和二十多位辛亥老人的回忆录。我们又找到许多珍贵照片。王磊认真地担负起资料的整理、打字等工作。

在编写本书的过程中,自始至终得到了滨湖区政协和太湖街道党政领导的大力支持:高来东同志一听说我们要编写本书,当即表示支持,并出主意、想办法,还利用出差杭州的时机,代为走访沈缦云的后人。钱江同志主动联系有关领导,解决出版中面临的困难,并挤出宝贵时间,一丝不苟地审校稿件,从篇目的安排,到情节的构思、文字的表达等,不厌其烦地做了热情的指导。太湖街道党工委许年平书记在百忙中多次接见我,热情地进行鼓励,并让宣传委员王文君解决遇到的实际困难。由于区、街道两级领导的热忱关怀、积极支持,这本书才得以顺利出版。沈缦云的后裔焕唐、云荪等提供了不少很有价值的辛亥史料、先人的业绩,以及照片等……对于上述各方面的倾情相助,表示深深的敬意和衷心的感谢!

由于我们对沈缦云的资料掌握有限,也由于自己的水平不够,编写时难免会出现错误或缺点,期待读者提出宝贵意见,以便在再版时充实、校正!

王金中　王　磊

2017年7月